Lieblingsplätze
IN UND UM PASSAU

MIRJA-LEENA ZAUNER

Autor und Verlag haben alle Informationen geprüft. Gleichwohl wissen wir, dass sich Gegebenheiten im Verlauf der Zeit ändern, daher erfolgen alle Angaben ohne Gewähr. Sollten Sie Feedback haben, bitte schreiben Sie uns! Über Ihre Rückmeldung zum Buch freuen sich Autor und Verlag: lieblingsplaetze@gmeiner-verlag.de

Aus Gründen der Lesbarkeit und Sprachästhetik wird in diesem Buch das generische Maskulinum verwendet. Mit der grammatischen Form sind ausdrücklich weibliche sowie alle anderen Geschlechtsidentitäten mit berücksichtigt, insofern dies durch die Aussage geboten ist.

Sofern nicht im Folgenden gelistet, stammen alle Bilder von Mirja-Leena Zauner: Passau Stadt Tourismus 14; Café Diwan/Greindl 22; Daniel Meier 24, 26, 40, 46; Nuernberg Luftbild, Hajo Dietz 38; Jennifer Jahns 70; Richard Schaffner 78; Berufsfachschule für Holzschnitzerei u. Schreinerei Landkreis Berchtesgadener Land 86; Reinhard Noebauer 106; Leonie Lorenz 112; Hubert Rothbauer 114; Pulllman City Bayern 130; Rotel Tours - www.rotel.de 136; Anton Segl 142; Atelier Dünnbier 144; Graphit Kropfmühl 150; Monika Süß 156

QR-Code einscannen und kostenloses E-Book anfordern.

Besuchen Sie uns im Internet:
www.gmeiner-verlag.de

1., überarbeitete Neuausgabe 2024
© 2020 – Gmeiner-Verlag GmbH
Im Ehnried 5, 88605 Meßkirch
Telefon 075 75/2095-0
info@gmeiner-verlag.de
Alle Rechte vorbehalten

Lektorat/Redaktion: Ricarda Dück
Herstellung: Julia Franze
Bildbearbeitung/Umschlaggestaltung: Susanne Lutz
unter Verwendung der Illustrationen von © Birgit Brandlhuber – stock.adobe.com; © SimpLine – stock.adobe.com; © natbasil – stock.adobe.com; © b_susann_k – stock.adobe.com; © Katrin Lahmer; © Benjamin Arnold
Kartendesign: © Maps4News.com/HERE
Druck: AZ Druck und Datentechnik GmbH, Kempten
Printed in Germany
ISBN 978-3-8392-0550-1

Platzerl frei im Paradies

Wo das Passauer Land am reizvollsten ist

Es ist kein Wunder, dass Passau bei vielen Menschen beliebt ist. Die spektakulär ins Wasser gleichsam »hineingebaute« Stadt, die imposante Architektur, die drei Flüsse, die an diesem Ort zusammenfließen und sich zum großen Donaustrom vereinigen – meine bayerische Heimat hält, allemal im Sommer, dem Vergleich mit der italienischen Perle Venedig stand. Aber Passau und sein Umland können noch viel mehr als *nur* schön sein, und da erst beginnt die wahre Liebe.

Die Region überzeugt mit vielen Lieblingsplätzen, die manchmal etwas versteckt liegen, man aber umso mehr ins Herz schließt, hat man sie einmal entdeckt. Ob Kultur-, Kunst-, Kulinarik- oder Naturjuwel – manchmal darf man auch ins Schwitzen kommen oder in die Pedale treten, um eines der zauberhaften Ausflugsziele zu erkunden. Viele Oasen warten gleich ums Eck, bei anderen lohnt es sich, einen Blick über die Grenzen der Stadt und des Landkreises zu werfen, um etwa ein Stück österreichische Lebensqualität zu genießen. Denn Österreich beginnt gleich hinter Passau und ist von manchen Gemeinden im Passauer Land sogar schneller zu erreichen als die Dreiflüssestadt.

Neben allen touristischen Sehenswürdigkeiten ist Passau lebendig und interessant für die Einheimischen geblieben. Man lebt gerne an Donau, Inn und Ilz, sitzt abends am Residenzplatz oder in der Pfaffengasse zusammen und genießt die Atmosphäre der Altstadt genauso wie die Menschen dies tun, die ihren Urlaub in der Region verbringen. Mitten in der Stadt laden immer wieder beschauliche Plätze zum Entspannen ein. Hier tönt Live-Jazz aus dem Hinterhof, dort kann man es sich mit einem Weinglas am Donauufer mit Aussicht auf die Veste Oberhaus gemütlich machen. Und da vorne an der Ortsspitze spielt ja auch noch die Musik. Die Sommernächte in Passau sind legendär. Und wenn es kälter wird, trifft man sich eben in der Wirtsstube und tröstet sich bei einem Bier mit einem saftigen Schweinebraten. Apropos: Wo bekommt man eigentlich einen richtig guten Schweinebraten, der hinterher nicht schwer im Magen liegt?

Wie wär's zum Beispiel mit einem Essen im Landgasthof Resch in Vornbach oder im wunderschönen *Gidibauer Hof* in Hauzenberg? Oder mit einem Abstecher nach Schärding zu *Erni und Angelika*, die ihre Kräuter für die Speisen selbst sammeln? Oder zum Donaufischessen nach Jochenstein? In und um die Dreiflüssestadt locken so manche liebenswürdige Lokale.

Wer die Stadt hingegen gerne mal gegen die Natur eintauscht, findet unweit von Passau traumhafte Ausflugsziele und Erholungsorte. Mittlerweile lassen sich selbst entferntere Plätze mühelos in einer Tagestour mit dem E-Bike erkunden und mit einzigartigen Erlebnissen verknüpfen. Fantastische Ausblicke und beeindruckende Landschaft sieht man unterwegs im Donautal mit seiner einzigartigen Flora und Fauna. Interessante Menschen trifft man in traditionellen Handwerksbetrieben wie in der Leinenweberei Moser in Wegscheid. Der Wirt in Kirchberg, der nebenbei noch Metzger ist und für Kinder einen kleinen Bauernhof in ein Spieleparadies verwandelt hat, oder der Bäcker, der in seine gläserne Backstube schauen lässt, versprechen beeindruckende Begegnungen. Individuelle und mutige Lebens- und Arbeitskonzepte lernt man ebenfalls auf dem Aronia-Langlebenhof oder bei Steffen Jacobs im Bayerischen Wald kennen.

Und ob im niederbayerischen Hügelland oder auf einem Bayerwald-Berg, ob im Inntal oder einfach nur ein paar Dörfer weiter beim Mostbauern – überall ist noch ein Platzerl für Besucher frei. In vielen Ecken im Passauer Land ist es noch urig und gemütlich, man kommt zur Ruhe. Viele Lieblingsplätze sind noch beschaulich und nicht wie andernorts überlaufen – auch dank der niederbayerischen Bescheidenheit. Oder wussten Sie schon, dass in Vilshofen einst Bierfässer in unterirdischen Gängen rollten oder dass durch eine Wallfahrtskirche in Fürstenstein einmal viele Leben gerettet wurden? Oder dass sich die älteste Kirche Passaus wieder betreten lässt? Und dass der wahrscheinlich schönste Aussichtspunkt mit Blick auf die Dreiflüssestadt an keiner touristischen Route liegt? Angesichts derart vieler zauberhafter Plätze im Passauer Land fällt eine Auswahl schwer. Lassen Sie sich daher von den vorgestellten Orten inspirieren. Wie ich mich von meinem persönlichen Lieblingsplatz: die Keramikwerkstatt von Hans Fischer in Passau, in der jedes Stück Heiterkeit und Frohsinn verbreitet. In diesem Sinne: Viel Freude beim Entdecken der Lieblingsplätze in und um Passau!

Mirja-Leena Zauner

Café Duftleben
Theresienstraße 22
D-94032 Passau
+49 (0)851 98909430

Kolibri Spiel und Kunst
Theresienstraße 11
D-94032 Passau
+49 (0)851 36905

1 Kaffeehaus mit Charakter

Café Duftleben

Der Duft nach frisch gemahlenem Kaffee war wohl namensgebend: Das Café Duftleben in der Theresienstraße verfügt über genau das, was vielen Coffeeshops fehlt oder abhandengekommen ist: Gemütlichkeit und eine echte Kaffeehausatmosphäre. Langer Tresen, üppig bestückte Kuchenvitrine und natürlich die großen Siebträgermaschinen, mit denen der beste Geschmack aus den Kaffeebohnen gepresst wird. In zentraler Innenstadtlage und fußläufig zu vielen netten kleinen Geschäften ist das Café der perfekte Platz, um während des Einkaufs eine Pause zu machen, mit dem Nachwuchs eine Waffel mit Früchten und Sahne zu essen oder einfach in Ruhe zu arbeiten.

Natürlich ist das »Café Duft«, wie es jeder nennt, oft sehr gut besucht, weshalb man nicht zu jeder Zeit einen Ort der Stille erwarten darf. Der lauschige Biergarten indes bietet im Sommer immer eine entspannte Atmosphäre. Kinder freuen sich über jede Menge Spielsachen, ein eigenes Sofa, und was am wichtigsten ist: einen äußerst freundlichen Service. Gerade beim Essen werden Wünsche der Kleinen besonders berücksichtigt. Kaffeehausbesitzer Lorenz und Katja Seidl pflegen diesen familienfreundlichen Stil bewusst seit 2012. Dass ein Besuch trotz junger Gäste im Café für alle angenehm bleibt, liegt an den großzügigen Räumlichkeiten.

Mit zahlreichen Zeitungen und Magazinen im Angebot kann man es sich im Gastraum mit Tonnengewölbe gemütlich machen. Auf den Tisch kommt nur Frischgekochtes und Selbstgebackenes. Die Speisekarte bietet wechselnde Tagesgerichte und Klassiker von Spaghetti bis Schnitzel. Die knusprigen Frühstückssemmeln stammen von der beliebten Bio-Bäckerei Wagner, und auch bei Obst und Gemüse legen die Chefs Wert auf regionale und biologische Bezugsquellen.

Ein paar Häuser weiter, im *Kolibri*, erhält man fair gehandelte Spielsachen und Kleidung.

Veste Oberhaus
Oberhausmuseum
Oberhaus 125
D-94034 Passau
+49 (0)851 396800

2 Glanz und Geschichte
Aussichtspunkt Veste Oberhaus

Die Aufforderung »Komm, wir fahren aufs Oberhaus!« erzeugt bei Passauern ein Kribbeln. Denn oben wartet ein umwerfendes Panorama, von dem man sich nicht mehr so schnell abwenden kann. Auf dem Georgsberg, wo die Veste Oberhaus steht, bieten sich die Ausblicke, die der Stadt Magie verleihen und Einheimische und Urlauber gleichermaßen faszinieren. Nicht nur bis zur Ortsspitze mit Zusammenfluss von Inn und Donau, sondern über die ganze Altstadtpracht bis nach Österreich und den vorderen Bayerischen Wald reicht die Aussicht.

Zu Zeiten der Fürstbischöfe war Passau bedeutendes Herrschaftszentrum und glanzvolle Residenz, Verwaltungs- und Wirtschaftsmittelpunkt der Region. Dieser machtvollen Stellung sollte eine Festung Ausdruck verleihen. In der über 800 Jahre alten Veste Oberhaus lässt sich dieser imposanten Ära nachspüren. Mit 65.000 Quadratmetern umbauter Fläche ist sie eine der größten erhaltenen Burganlagen Europas. Hoch über Passau gelegen, präsentiert das Oberhausmuseum im historischen Gemäuer Ausstellungen vom Mittelalter bis in die Gegenwart. Archäologische Funde aus der Antike, mittelalterliche Waffen und Rüstungen sowie gotische Tafelgemälde laden zu einer Reise in die Vergangenheit ein.

Heute beherbergt die Veste neben dem Museum eine Jugendherberge, die Sternwarte und das Restaurant *Das Oberhaus*. In diesem stehen bodenständige Klassiker wie Surschnitzel, Backhendl und Zwiebelrostbraten auf der Karte. Zudem bietet die Festung neben der schönen Aussicht besondere Programmpunkte wie Open-Air-Theateraufführungen, Burgspektakel, Sommerkino, Burgcamps für Kinder und gemütliche Liegestühle zum Sitzen im Innenhof des Museums. Kinder finden neben der *Das Oberhaus*-Gastronomie einen großen Spielplatz.

Wer einen steilen Anstieg nicht scheut, kann sich den Ausblick zu Fuß erarbeiten. Startpunkt: Hängebrücke/Am Anger, Dauer: 15 Minuten. Pendelbusse fahren ab dem Rathausplatz.

Nibelungenlied-Gemälde von
Ferdinand Wagner im
Alten Rathaus
Rathausplatz 2
D-94032 Passau
+49 (0)851 3960

Hotel Wilder Mann
Schrottgasse 2
D-94032 Passau
+49 (0)851 35071

3 Spuren von Wasser und Feuer
Altes Rathaus

Markant ragt der im venezianischen Stil gebaute Rathausturm in den Himmel. Vor allem die Hochwassermarken an der Fassade ziehen die Aufmerksamkeit auf sich. Denn Passau, die Stadt an den drei Flüssen, ist »nasse Füße« gewohnt. Wie Venedig sein wiederkehrendes »Acqua alta« bewältigt, so hat auch die bayerische Stadt lernen müssen, mit Überflutungen zu leben.

Der Turm zeigt alle Wasserstände von 1501 bis heute an. 2013 stieg der Donaupegel, der normalerweise zwischen vier und fünf Metern liegt, auf exorbitante 13 Meter: die zweitschlimmste Flutkatastrophe in der Geschichte Passaus. Die Altstadt und Teile des Zentrums wurden überflutet. Die braunen Wassermassen der Donau, des Inn und der Ilz verwandelten Straßen und Gassen in rauschende Kanäle und standen bis zum ersten Stockwerk der Häuser. Die Überschwemmungen richteten nicht nur materielle Schäden an, sondern entmutigten einige Menschen, weiter in der Nähe der Flüsse leben oder ein Geschäft betreiben zu wollen. Manche »Verwundungen« durch das damalige Hochwasser lassen sich heute noch erkennen.

Im Inneren des Stadthauses befinden sich die Rathaussäle. Sie wurden nach dem Brand 1662 im barocken Stil von italienischen Baumeistern errichtet, die ebenfalls maßgeblich am Wiederaufbau des Doms beteiligt waren. Die riesigen Gemälde in den Rathaussälen stammen von dem heimischen Maler Ferdinand Wagner. Sie stellen Szenen aus der Stadtgeschichte dar. Eine bezieht sich auf das Nibelungenlied, dessen Text am Hofe des Passauer Fürstbischofs niedergeschrieben worden ist. Eine weitere thematisiert die Hochzeit von Kaiser Leopold I. mit der Wittelsbacher Prinzessin Eleonore. Oben im Rathausturm gibt wiederum ein Glockenspiel jahreszeitliche Melodien wieder. Es erklingt mehrmals am Tag.

Direkt neben dem Rathaus befindet sich im Hotel *Wilder Mann* die weltgrößte Sammlung böhmischen Glases.

**Hacklberger
Bräustüberl**
Bräuhausplatz 7
D-94034 Passau
+49 (0)851 58382

Andorfer Weissbräu
Rennweg 2
D-94032 Passau
+49 (0)851 754444

4 Bayerisch-bierig
Hacklberger Bräustüberl

Sitzt man im Hacklberger Biergarten gemütlich bei Bier und Brotzeit, lässt sich kaum erahnen, wie lange die Tradition der Brauerei währt. Das Taufbuch der Passauer Dompfarrei erwähnt bereits im Januar 1619 eine Patin, deren Gatte Braumeister in »Hacklberg« war. Die Ursprünge liegen demnach mindestens im Jahr 1618.

Der heutige großzügige Hacklberger Biergarten ist in den Sommermonaten beliebter Treffpunkt bei Einheimischen, Zugezogenen oder »Zuagroasten«, Urlaubern und Studenten. Er umfasst nicht nur einen großen Spielplatz, sondern ebenso uralten Baumbestand, der herrlichen Schatten spendet. Seltene Arten wie Urweltmammutbäume und Zypressen strecken ihre Äste weit über 30 Meter in den weißblauen Himmel.

Rund zehn Minuten vom Stadtzentrum entfernt, bietet sich das Außengelände der Brauerei auch als Ziel einer Radtour an. Wenn die Temperaturen sinken, zieht man ins urige Bräustüberl um und wärmt sich bei bayerischen Finessen wie Schweinsbraten, Haxe und Knödel. Hier lassen sich in geselliger Wirtshausstimmung die gutbürgerlichen Schmankerl schmecken. Die Küche ist zudem für Überraschungen gut: Der Hacklberger Eisknödel wird im Biermantel gebacken, mit süß-sauren Früchten garniert und auf Eierlikörschaum serviert. Schließlich wird er noch am Tisch mit Blutwurz-Schnaps aus der Region flambiert. Zu jedem Gericht folgt darüber hinaus die passende Bierempfehlung.

Bei einer Führung durch die Brauerei kann man in die Hacklberger Bierwelt eintauchen. Moderne Braukunst trifft auf geschichtsträchtige Baukunst. Trotz Technisierung blieben historische Räumlichkeiten wie das ursprüngliche Sudhaus erhalten. Gäste erhalten Einblicke in den gesamten Herstellungsablauf, von der Aufbereitung des Wassers aus der hauseigenen Quelle über den Sudvorgang bis hin zur Gärung und Lagerung in den Kellern.

Die Brauereidichte in Passau ist hoch, darum ist der Weg zum *Andorfer Weissbräu* nicht weit. Auch dieses Haus besitzt einen schönen Biergarten.

Halser Ilzschleifen
Startpunkt Rundwanderweg 11:
Bushaltestelle Hochstein
Ecke Hochsteinstraße/
Perlfischerweg
D-94034 Passau

Gasthof Zur Triftsperre
Triftsperrstraße 15
D-94034 Passau
+49 (0)851 51162

5 Die schwarze Perle
Naturschutzgebiet Halser Ilzschleifen

Wer mit wenig Aufwand einen Abstecher ins Grüne machen möchte, erreicht vom Passauer Stadtteil Hals mit wenigen Schritten ein Paradies. Folgt man im Perlfischerweg der Ilz, gelangt man rasch ins Naturschutzgebiet der Halser Ilzschleifen. Parkmöglichkeiten befinden sich am Hochstein, wo ebenfalls ein öffentlicher Bus hält. Wunderschöne naturbelassene Wanderwege führen von dort am Flussufer durch den Wald.

Den Beinamen »*schwarze Perle* des Bayerischen Waldes« hat die Ilz wegen ihres dunklen Wassers erhalten. Die Färbung stammt von den ausgewaschenen Huminstoffen der Moore und Fichtenwälder in den Hochlagen des Einzugsgebiets des Flusses. Er macht auf seinem Weg in die Stadt Passau zwei Schleifen, wodurch auf einer überschaubaren Fläche völlig verschiedene Wasserlandschaften entstanden sind.

Auf der Wanderung dahin durchquert man sumpfige Auwälder, Buchenwälder und felsig-trockene Abschnitte, die von Kiefern und Eichen bewachsen sind. Geht man, begleitet von Wasserrauschen und Vogelgezwitscher, den Rundweg 11 ab der Bushaltestelle Hochstein, führt ein 15-minütiger Marsch zu einem 115 Meter langen Tunnel. Er lässt sich gefahrlos durchqueren, auch wenn er unbeleuchtet ist. Erbaut zwischen 1827 und 1829, als auf der Ilz noch Holz getrieben wurde, diente er als Abkürzung und Triftsperre. Dadurch konnten ein Teil des Fischbestands sowie Mühlen von Schäden durch die Flößung verschont werden. Mit dem Bau der Eisenbahn fand diese ihr Ende.

Das heutige Ilztal ist Lebensraum und Heimat seltener Tierarten. Mit etwas Glück lassen sich türkis-orange schillernde Eisvögel oder Gänsesäger beobachten, die im Gegensatz zu Stockenten Fische fressen. Zudem findet sich die Flussperlmuschel, auch wenn ihr Bestand leider schwindet.

Machen Sie auf dem Wanderweg Rast im Biergarten des Waldlokals *Zur Triftsperre.*

Innpromenade
An der Marienbrücke
Mariahilfstraße
D-94032 Passau

**Touristeninformation
Bahnhofstraße**
Bahnhofstraße 28
D-94032 Passau
+49 (0)851 955980

6 Sonnenbaden und Flanieren
Innpromenade

Wo einst Passaus Stadtmauer verlief, führt heute einer der schönsten Spazierwege am Inn entlang. Die Innpromenade geht an der Marienbrücke ohne Unterbrechung in den Innkai über, der sich weiter bis zur Ortsspitze erstreckt.

Entlang des Wegs sorgen die Universität mit ihrer Liegewiese und ein großer Spielplatz mit Klettermöglichkeiten für quirliges Leben. Direkt am Ufer lädt das Lokal *Innsteg* zu einer ersten Rast ein. Von seiner Terrasse aus lässt sich das Treiben auf der Promenade besonders gut bei einem Kaffee und einem hausgemachten Apfelstrudel beobachten. Im Sommer gut besucht ist ein paar Meter weiter die schattenspendende Kastanienallee mit zahlreichen Sitzgelegenheiten. Allerdings steht der Baumbestand zur Diskussion. Seit dem Hochwasser 2013, bei dem massive Schäden in Passau entstanden, ist eine Schutzwand im Gespräch, für die auch ein Teil der Innpromenade beträchtlich verändert werden müsste.

Wenn sich die Sonne auf die Stadt senkt, ist der Innkai beliebt, da man in dessen Schutz noch abends milde Temperaturen genießen kann. Aus den Mauerspalten wachsen Löwenmäulchen und kleine Echsen huschen über die Steine. Die Hohlräume in den Steinen sind das Zuhause der geschützten Mauereidechse. Malerische Gassen, die vom Innkai abzweigen, bilden Verbindungswege in die Altstadt, wo zahlreiche Cafés und Lokale locken.

An der Promenade genießen viele Menschen hingegen auf Bänken oder Steinen das mediterrane Flair am Wasser. Vorbei am markanten Schaiblingsturm gelangt man schließlich zur Ortsspitze, an der Inn und Donau zusammenfließen. Einen Sonnenuntergang am Kai mit Blick auf die gegenüberliegende Innstadt und den Mariahilfberg zu erleben gehört zu den bezauberndsten Passau-Momenten.

Zwischen April und Ende Oktober findet jeden zweiten und vierten Samstag ein Flohmarkt an der idyllischen Innpromenade statt.

Café-Lounge Diwan
Stadtturm, 9. Stock
Nibelungenplatz 1
D-94032 Passau
+49 (0)851 4903280

Café Fränz
bei Bücher Pustet Passau
Stadtturm
Nibelungenplatz 1
D-94032 Passau
+49 (0)851 560890

7 Spektakulär sitzen
Café Diwan im Stadtturm

Mitten im geschäftigen Zentrum von Passau, ganz weit oben, nämlich im neunten Stock des Stadtturms, befindet sich das Café Diwan. Steht man mit beiden Beinen fest auf dem Boden vor der Traditionsbuchhandlung Pustet, muss man ein wenig den Hals verrenken, um das Lokal in der schwindelerregenden Höhe zu entdecken. Ein Aufzug bringt Gäste in die oberste Etage des Turms, in dem sich ansonsten vor allem Arztpraxen und Kanzleien befinden. Der Weg lohnt sich, denn diese Adresse ist in jeder Hinsicht top.

Im *Diwan* werden Kaffee, Kuchen und Torten bei sensationellem Panorama genossen. Wahrscheinlich hat schon jeder Student und jeder Einheimische seine Freunde und Verwandten hierhergebracht. In den stilvollen Kaffeehaussesseln kann man die Augen über die gesamte Stadt wandern lassen: Oberhaus, Dom, Flüsse und Mariahilf auf einen Blick! Ergattert man einen Platz am Fenster (Reservierungen sind leider nicht möglich) und schaut durch die verglaste Fassade nach unten, eröffnet sich nicht nur eine spektakuläre Perspektive, sondern es stellt sich das Gefühl ein, über der Stadt zu schweben.

Das *Diwan* ist mit gediegenen Sitzmöbeln mit floralen Mustern ausgestattet und wirkt durch seine dezente Beleuchtung orientalisch-schick. Neben Antipasti, Sandwiches, Salaten und kleinen Mittagsgerichten unter der Woche, locken am Wochenende Cocktails. Alle Torten und Kuchen stammen von der Konditorei Greindl, die in Passau an zwei weiteren exponierten Plätzen Cafés betreibt: Das Stammhaus befindet sich in der Wittgasse mitten in der Fußgängerzone und das *Stephansdom* am Domplatz, mit hauseigener Pralinenmanufaktur gleich nebenan.

Ebenfalls schön zum Sitzen und Lesen: *Café Fränz* im ersten Stock der Buchhandlung Pustet, ebenfalls im Stadtturm.

Café Museum
Bräugasse 17
D-94032 Passau
+49 (0)851 21246410

8 Hier fühlen sich Musikgrößen wohl
Jazzclub *Café Museum*

Das *Café Museum* liegt in einem stillen Winkel der Passauer Altstadt in der Bräugasse, beheimatet im spätgotischen Gebäudeensemble *Museum Moderner Kunst*.

Man betritt den Jazzclub mit der kleinen Bühne vom Donaukai aus. So überschaubar der Veranstaltungsraum auch sein mag – mit über 100 Live-Konzerten im Jahr hat er weit über Passau hinaus Berühmtheit erlangt und schon bald nach der Eröffnung von der lokalen Presse den Beinamen »Jazztempel Südostbayerns« erhalten. Für gleichbleibend hohe musikalische Qualität wurde das *Café Museum* bereits dreimal mit dem *Spielstättenprogrammpreis* der Bundesregierung ausgezeichnet, und die Organisatoren sind bemüht, auch weiterhin das Niveau zu halten. Damit das Konzept aufgeht, bedarf es der öffentlichen sowie privaten Förderung und Mithilfe zahlreicher ehrenamtlicher Kräfte.

In der familiären Atmosphäre fühlen sich Musikgrößen wie Saxofonist David Murray, Sängerin Carmen Bradford oder Pianist Kirk Lightsey so wohl, dass sie immer wieder einen Abstecher in den kleinen Club machen, wenn sie in großen Städten wie Wien, Linz oder München auftreten. Einzigartig: Von der Bühne aus können die Künstler direkt auf die Donau schauen. Neben internationalen Stars bekommt auch die lokale Szene eine Plattform. Mit dem kostenlosen *JazzFest Passau*, das jeden Sommer im Innenhof des Rathauses stattfindet, hat sich die Zuhörerschaft vervielfacht. Jazz- und Blueskonzerte sind seitdem in Passau keine Nischenveranstaltungen mehr.

Sitzt man auf der Terrasse des Clubs, genießt man beste Aussicht auf die mittelalterliche Veste Oberhaus auf der anderen Flussseite. Bei einer Tasse Kaffee oder einem kühlen Bier zu Jazzklängen kann schon mal viel Wasser die Donau hinunterfließen, so gemütlich ist das Plätzchen. Neben Kaffee und Kuchen stehen Weine und Bio-Fassbier sowie kleine Speisen und Suppen im Angebot.

Das *Museum Moderner Kunst* befindet sich im gleichen Gebäude. Für Museums- und Konzertbesuche am gleichen Kalendertag gibt es ein Kombiticket.

**Museum Moderner Kunst
Passau Wörlen**
Bräugasse 17
D-94032 Passau
+49 (0)851 3838790

Kloster Niedernburg
Bräugasse/Jesuitengasse
D-94032 Passau

9 Juwel der Altstadt
Museum Moderner Kunst Wörlen

Das am Donauufer liegende *Museum Moderner Kunst Wörlen* ist innen wie außen ein wahres Schmuckstück. Die Sammlung befindet sich in einem Gebäude mit langer und bedeutender Geschichte.

Ende der 1980er-Jahre wurde das Juwel denkmalgerecht restauriert und für den Museumsbetrieb umgebaut. Schon aufgrund der besonderen architektonischen Beschaffenheit ist der Besuch der Ausstellung ein Erlebnis. Durch die aufwendige Sanierung des bis in das 12. Jahrhundert datierenden Gebäudekomplexes zählt das Museum heute zu den am besten erhaltenen Baudenkmälern Passaus. In die oberen Etagen führt ein zentraler Treppenaufgang, dessen Ursprung im Barock liegt. Ihre jetzige Gestalt erhielten Aufgang, Arkadengänge und Lichthof in klassizistischer Zeit. Letzterer bildet mit einer hohen Laterne und einem verzierten Deckenspiegel das Zentrum des Hauses.

Seit der Eröffnung im Jahr 1990 wurden über 300 Ausstellungen mit moderner und zeitgenössischer Kunst gezeigt. Einen Überblick über vergangene Präsentationen erhält man gleich im Treppenhaus, wo deren Titel auf imposant angeordnete kleine Tafeln genannt werden. Der Schwerpunkt der Sammlung liegt auf dem Expressionismus und der Neuen Sachlichkeit. Herzstück bildet das Werk von Georg Philipp Wörlen, dem Vater des Museumsstifters, ergänzt durch Arbeiten von Wörlens Künstlerfreunden, die wie er Mitglied in Gemeinschaften wie dem *Wiener Hagenbund* oder der *Donau-Wald-Gruppe* waren.

Die zeitgenössische Kunst bildet einen weiteren Fokus. Heute umfasst die Sammlung, die durch Ankäufe und Schenkungen kontinuierlich erweitert wird, etwa 3.000 Kunstwerke. Im selben Haus befindet sich das Café Museum.

Gleich gegenüber liegt Kloster Niedernburg mit einem interessanten Ausstellungsraum über die älteste Kirche Passaus.

Donauschifffahrt
Anlegestelle: Donaulände
D-94032 Passau

Donauschifffahrt
Wurm & Noé
Höllgasse 26
D-94032 Passau
+49 (0)851 929292

10 Auf der Donau auf der Donau
Donauschifffahrt

An der Donaulände glänzt die Stadt mit ihrer baulichen Schönheit. Doch das Wasser, von dem Passau umgeben ist, hat ebenso seinen Charme. Betrachtet man an den Anlegestellen die Namen der Kreuzfahrtschiffe, *Sissi* oder *Regina Danubia*, fühlt man sich in die Zeiten der k. u. k. Monarchie versetzt. Auch wenn man keine lange Reise bis Wien oder Budapest auf Europas zweitlängsten Fluss unternimmt, lassen sich von Passau aus mehrmals täglich Dreiflüssefahrten oder längere Ausflüge auf dem Wasser unternehmen.

Kreuzfahrtstimmung kommt etwa bei einer Halbtagestour bis zur Schlögener Schlinge auf der Donau auf dem Kristallschiff *MS Donau* auf. Nach wenigen Kilometern entdeckt man an beiden Ufern – auf der einen Seite Österreich, auf der anderen Deutschland – die vielen Fahrradfahrer, die die beliebteste Strecke Europas benutzen. Vorbei an der imposanten Burg Krempelstein gegenüber von Erlau erreicht man Obernzell mit seinem sehenswerten Schloss und dem Keramikmuseum. Von Weitem erkennt man schon das Donaukraftwerk Jochenstein. Dort kann der Ausflug unterbrochen und das beliebte *Haus am Strom* mit seinen Ausstellungen besichtigt werden. Nach drei Stunden Aufenthalt bietet sich eine Rückfahrgelegenheit nach Passau, sodass noch Zeit für eine kurze Begehung des Naturschutzgebietes Donauleiten bleibt.

Am Donaukraftwerk führt eine Brücke für Fußgänger und Radfahrer über das Wasser. Das größte Flusskraftwerk Deutschlands ist imposant: In 240 Meter langen Schleusen überbrücken fünf Turbinen den Wasserstand der Donau. Auch an der nächsten Anlegestelle Engelhartszell kann man einen Zwischenstopp einlegen und nach zwei Stunden wieder mit dem gleichen Schiff in die Dreiflüssestadt zurückkehren. Der landschaftliche Höhepunkt der gesamten Tour erwartet den Passagier am Ende an der Donauschleife bei Schlögen.

Auf dem Schiff lässt sich auch ein Städtetrip nach Linz oder Wien mit Übernachtung unternehmen.

Wallfahrtsstiege Mariahilf
Eingang: Kapuzinerplatz/Ecke
Neutorgraben
D-94032 Passau

11 Ein Ort der Magie
Wallfahrtsstiege Mariahilf

Die Stiege Mariahilf ist ein Wallfahrtsort. Pilger beten, während sie die Stufen hinaufgehen, und daher versteht es sich von selbst, dass man sich als interessierter Besucher ruhig und respektvoll verhält. Als gedeckter Treppengang führt die »Himmelsleiter« über insgesamt 321 Stufen den Mariahilfberg hinauf.

Der Eingang befindet sich in der Innstadt am Kapuzinerplatz, Ecke Neutorgraben, wo ein frühbarockes Kruzifix angebracht ist. Natürlich lässt sich die Stiege auch von oben am Kloster Mariahilf betreten. Fast schwindelerregend steil führt die Treppe von dort nach unten. An den Wänden hängen zahlreiche Votivtafeln, mitunter wurde mit Stiften direkt auf die Mauern geschrieben. Bitten um Gesundheit, um Schutz für die Familie oder der Wunsch, einen Menschen zu finden, der die eigene Einsamkeit beende. Holzbildchen erzählen von Schicksalen, Krankheiten, Krieg und Gefahren. »Maria hilf«, scheint es von allen Seiten zu tönen, dicht an dicht hängen Anbetungen, Rosenkränze und Abbildungen der Mutter Gottes an der Wand.

Aber nicht nur Gesuche dürfen geäußert werden. Mariahilf ist seit jeher auch ein Gnadenort, und Menschen danken für bereits erfüllte Gebete. Die Pilgerstätte ist – ob man nun gläubig ist oder nicht – ein Ort der Magie. Die Spuren der Zeit faszinieren, denn manche Votivtafeln sind schon 200 Jahre alt. Bereits im Jahr 1627 wurde die Stiege errichtet, nach dem Stadtbrand 1662 wiederaufgebaut. Im Zuge der Säkularisation ging eine große Zahl der Votivtafeln verloren. Im 19. Jahrhundert wurde der Treppengang wieder instand gesetzt. Die Stufen, die früher aus Holz waren, sind seitdem aus Hauzenberger Granit.

Wer die Stiege hinaufgewandert ist, sollte sich auch gleich die Wallfahrtskirche des ehemaligen Kapuzinerklosters Mariahilf ansehen.

**Wallfahrtskirche und Pauliner-
kloster Mariahilf ob Passau**
Mariahilfberg 3
D-94032 Passau
+49 (0)851 2356
Wallfahrtskirche/Kloster:
+49 (0)851 2356

**Keimlingsbäcker
Mayer GmbH**
Gattern 75
A-4784 Schardenberg
+43 (0)664 2335000

12 Prachtvolle Aussicht
Mariahilfberg mit Wallfahrtskirche

Ein echter Hingucker der Dreiflüssestadt ist der Mariahilfberg. Egal, ob man das Ensemble aus Wallfahrtkirche, Abtei und Gebetsstiege aus der Ferne betrachtet oder zwischen den Bauwerken steht: Man spürt, dass der exponierte Standort des Paulinerklosters Mariahilf bewusst gewählt ist. Fast unmittelbar an der Grenze zu Österreich befindet sich an dieser Stelle auch einer der schönsten Aussichtspunkte über Passau.

Voller Demut kommt der an, der den Mariahilfberg über die steilen Stufen der Wallfahrtsstiege erklimmt. Eine Alternative bietet ein leichterer Spazierweg von der Innstadt aus. Wechselt man über den Fünferlsteg das Innufer, geht vorbei an der Kirche St. Severin, am Bach entlang das Lindental hinauf, bis links der Brunnhäuslweg abzweigt, gelangt man in die Mozartstraße. Nach Überquerung der Schärdinger Straße kommt die Wallfahrtskirche schon in Sichtweite. Wer das Auto nutzt, findet einen großen Parkplatz vor der Klosteranlage. Von dort sollte man jedoch den Mariahilfberg unbedingt zu Fuß erkunden. Wunderschöne kleine Wege führen zu einem Aussichtspunkt, an dem sich ein fantastischer Blick über die gesamte Pracht eröffnet.

Die Ursprünge der Klosterkirche gehen aufs frühe 17. Jahrhundert zurück, als die Marienwallfahrt populär war und Pilger aus allen Ecken Europas anzog. Das Gotteshaus beheimatet schöne alte Votivbilder, die einen Eindruck von der einstigen Volksfrömmigkeit und Dankbarkeit geben. Der Sakralbau entwickelte sich zur berühmten Wallfahrtsstätte, nachdem Kaiser Leopold I. während der Türkenbelagerung Wiens 1683 nach Passau flüchtete und an diesem Ort betete. Mit Erfolg: Die Feinde wurden besiegt, und er konnte wieder mitsamt Kaiserkrone an seine Wiener Residenz zurückkehren.

Fährt man ein Stück auf der Schärdinger Straße weiter, findet man in Gattern, das bereits in der österreichischen Gemeinde Schardenberg liegt, die Naturbackstube des Keimlingsbäckers Mayer, der ganz ohne Mehl bäckt.

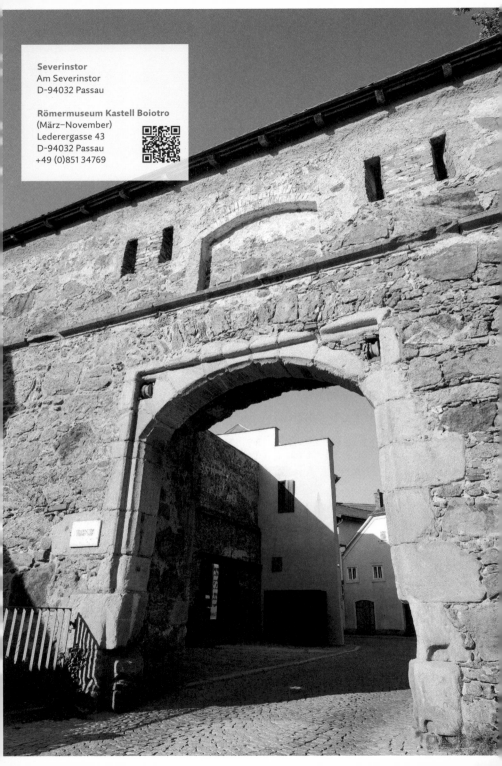

Severinstor
Am Severinstor
D-94032 Passau

Römermuseum Kastell Boiotro
(März–November)
Lederergasse 43
D-94032 Passau
+49 (0)851 34769

13 Tor zu einer alten Welt

Severinstor und Römermuseum *Kastell Boiotro*

Dass Passau schon den Römern recht gut gefiel, merkt man heute noch, wenn man sich zum sehenswerten Römermuseum *Kastell Boiotro* aufmacht. Der schönste Weg dorthin führt durch das beeindruckende Severinstor in der Innstadt, das zu *den* historischen Sehenswürdigkeiten der Dreiflüssestadt gehört. Benannt wurde es nach dem ersten Missionar, der im 5. Jahrhundert nach Passau kam, Severin von Noricum. Eine Darstellung des heiligen Severin steht vor dem Römermuseum.

In römischer Zeit war Passau ein Grenzort zwischen zwei Provinzen, und so wurde in der heutigen Innstadt ein großes Kastell errichtet, zu dem im 15. Jahrhundert noch eine Stadtmauer hinzukam. Davon erhalten geblieben sind das Severinstor und der sogenannte Peichterturm sowie Reste der Zwingermauer. Wo früher das Kastell stand, befindet sich heute das Römermuseum *Boiotro*. Es zeigt archäologische Funde aus der Antike und Steinzeit und rekonstruiert virtuell, wie Passau unter der Herrschaft der Römer ausgesehen hat. Die moderne Ausstellung ist auch für Kinder interessant. Auf mehreren Etagen kann man der Stadthistorie nachspüren.

Vor dem ehemaligen Kastell führt die Lederergasse vorbei, deren Name noch davon zeugt, dass in dieser Straße lange Zeit bedeutende Handwerksbetriebe beheimatet waren, die nah am Wasser liegen mussten: Ledereien, Schmieden oder Gerbereien. Bäcker, Metzger, Schuster, Binder, Leistenschneider, Maurer, Schlosser, Porzellanmaler und Steinmetze waren ebenfalls ansässig. Die einstigen Gewerbe sind alle verschwunden, die Gebäude dienen heute als Wohnungen.

Nach den Überschwemmungen im Juni 2013, die die Lederergasse schwer trafen, wurde am Haus Nummer 29 eine Hochwassermarke angebracht. Das Baudenkmal aus dem 15. Jahrhundert, das durch die Flut stark beschädigt wurde, gehörte einst angesehenen Handwerkern und Kaufleuten und ist mit seinem spätgotischen Rippengewölbe und dem barocken Schweifgiebel einzigartig.

In unmittelbarer Nähe des Severinstors befindet sich der schön gelegene Lindental-Spielplatz.

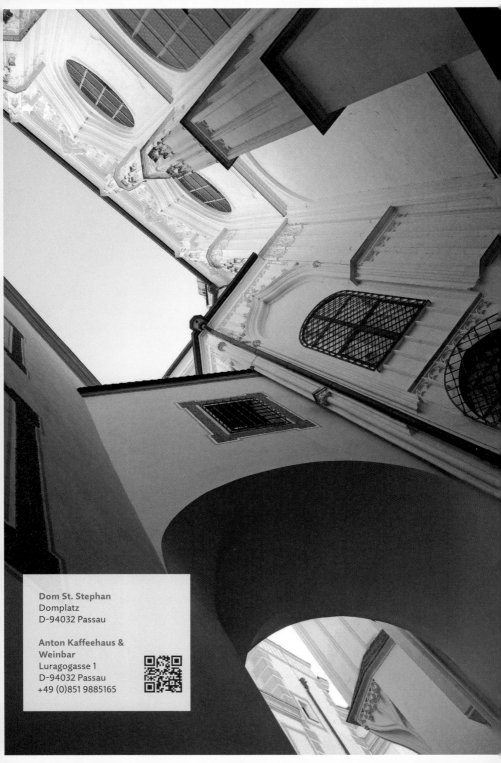

Dom St. Stephan
Domplatz
D-94032 Passau

Anton Kaffeehaus &
Weinbar
Luragogasse 1
D-94032 Passau
+49 (0)851 9885165

14 Blick nach oben
Dom St. Stephan

Er ist das Wahrzeichen Passaus und eine der größten barocken Kirchen nördlich Italiens: der prächtige Dom St. Stephan, der auf der höchsten Erhebung der Altstadt steht. Er ist wie fast alle Gebäude im historischen Kern nach dem großen Stadtbrand im 17. Jahrhundert im barocken Stil wiederaufgebaut worden. Im Inneren wurde dabei die ursprünglich gotische Struktur beibehalten und lediglich neu ausgeschmückt. Heute können Besucher in dem über 100 Meter langen Bau insgesamt 170 Freskenmalereien und über 1.000 Statuen bewundern ebenso wie die größte Orgel Europas und zugleich größte Domorgel der Welt.

Betritt man das Gotteshaus und geht den Mittelgang entlang, fallen zunächst die massiven, aber schlicht gehaltenen Säulen auf Augenhöhe auf. Je weiter der Blick nach oben wandert, desto opulenter wird die Ausstattung. Klar: Mit diesem Dom wollte man den Himmel auf die Erde holen, und in dieser Bauweise sollte der Unterschied zwischen irdischem Leben und Gottes Reich ausgedrückt werden. Große Teile des Bildprogramms beinhalten Botschaften, die aufeinander aufbauen und vom Triumph des katholischen Glaubens berichten. Die Gruppe Statuen über dem Altar aus den 1950er-Jahren ist das einzige moderne Kunstwerk. Dargestellt ist die Steinigung des heiligen Stephan, nach dem der Dom benannt ist. St. Stephan ist der Schutzpatron der Diözese, die sich einst der Donau entlang bis nach Ungarn erstreckte. Auch St. Stephan in Wien war ursprünglich Teil der Diözese.

Kundige Stadtführer informieren ausführlich über die Geschichte des Doms. Auf dem Domplatz findet am Samstagvormittag ein Wochenmarkt statt, auf dem heimische und saisonale Produkte verkauft werden. Beliebt ist in der Adventszeit zudem der Christkindlmarkt.

Schön sind Gassen und Cafés rund um den Dom, wie das Café Anton in der Luragogasse, die nach dem italienischen Dombaumeister Carlo Lurago benannt ist.

Ortsspitze Passau
D-94032 Passau

Eulenspiegel Concerts
Ursulastraße 9
D-80802 München
+49 (0)89 344975

15 Alles im Fluss
Ortsspitze der Dreiflüssestadt

Dafür ist Passau weltberühmt: Drei Flüsse aus drei Himmelsrichtungen vereinigen sich in der Stadt. An der Spitze der Altstadt lässt sich das einzigartige Naturschauspiel bewundern, wo der grüne Inn aus den Alpen in die blaugraue Donau fließt. Auf gleicher Höhe, wenn auch von der Ortsspitze nicht direkt zu sehen, mischt sich die schwarze Ilz, aus dem Bayerischen Wald kommend, in das Wasser der Donau.

Besonders auffällig ist, dass das Grün des Inns das Blaugrau der Donau zu verdrängen scheint. An der Mündung wirkt der Alpenfluss jedenfalls viel mächtiger als der zweitgrößte Strom Europas. Die insgesamt 2.700 Kilometer lange Donau fließt weiter Richtung Osten, bis sie in Bulgarien ins Schwarze Meer mündet. Acht Länder wird sie bis dahin durchkreuzt haben.

Die Ortsspitze der Dreiflüssestadt, die die Form einer Halbinsel aufweist, zählt zu den schönsten Flecken in Passau – nicht nur, weil man ringsum von Wasser umgeben ist: Auf der einen Uferseite eröffnet sich ein herrlicher Ausblick auf die herrschaftliche Veste Oberhaus und auf der anderen auf den malerischen Mariahilfberg.

Am besten erkundet man die Ortsspitze bei einem Spaziergang entlang des Inn- oder Donaukais. Viele Sitzgelegenheiten am Fluss laden zu einer kurzen Auszeit an. Kinder locken ein weitläufiger Spielplatz mit viel Platz zum Toben sowie ein kleiner Planetenlehrpfad. Obwohl im Sommer natürlich Schiffe am Ufer ankern, bleibt es angenehm ruhig, da man Souvenir- oder Postkartenstände, Kiosks und Schautafeln vergeblich sucht. Wer eine Decke mitbringt, kann sich an der Ortsspitze auch einfach auf der Wiese niederlassen. Auf der Grasfläche befindet sich übrigens ein hübsches Steinlabyrinth.

Im Sommer findet das Eulenspiegel-Zeltfestival mit Konzerten, Comedy und Kabarett an der Ortsspitze statt mit wunderschönem Biergarten.

Residenzplatz
D-94032 Passau

Hofapotheke zum
Schwarzen Adler
Residenzplatz 12
D-94032 Passau
+49 (0)851 2408

16 Auf der Piazza
Residenzplatz mit Wittelsbacherbrunnen

Auf dem Residenzplatz fühlt man sich im Sommer wie in Italien. Und das liegt nicht nur am mediterranen Restaurant, das einen großen Teil der Fläche bewirtschaftet. Mit vielen Lokalen und kleinen Geschäften ist der Platz tagsüber wie abends ein beliebter Treffpunkt.

Benannt wurde er nach der Alten Bischöflichen Residenz, dominiert wird er von der Ostseite des Doms und dem schmuckvollen Brunnen, den das Wittelsbacher Haus der Stadt schenkte. Auf dessen Säule sind drei Engel zu sehen, ganz oben thront die Gottesmutter. Die Himmelsboten symbolisieren die drei Flüsse Passaus. Einer trägt Getreideähren auf dem Haupt als Zeichen für das fruchtbare Donautal, ein anderer einen Tiroler Hut für den Inn, der einen Großteil der Strecke durch die Alpenregion fließt. Das Haar des dritten Engels schmückt eine Perle als Anspielung auf die Flussperlmuschel, die in der Ilz heimisch ist. Im Winter ist der Brunnen abgedeckt und mit einem riesigen Kranz mit 24 großen Kerzen geschmückt.

Am Residenzplatz stehen einige der prachtvollsten Bürgerhäuser im barocken Stil. In der Neuen Bischöflichen Residenz befindet sich ein wunderschönes Rokoko-Treppenhaus mit Stuck, in dem schon Wolfgang Amadeus Mozart und Napoleon spazierten. Im ersten Stock kann man das Diözesan-Schatzmuseum besuchen, das in den Räumen der ehemaligen fürstbischöflichen Bibliothek untergebracht ist.

Geht man vom Residenzplatz die Steiningergasse hinab, gelangt man in die Höllgasse mit einigen Gebäuden aus dem 14. Jahrhundert, erkennbar an den schiefen Fassaden. Die schmalen und mitunter steilen dunklen Straßen mit Namen wie Kleine Messergasse oder Pfaffengasse prägen den Charme der Altstadt maßgeblich und versetzen einen in eine lang vergangene Zeit.

Fast wie ein Museum: Die prächtige Hofapotheke am Residenzplatz gilt als älteste Apotheke Bayerns.

Galerie Horst Stauber
Residenzplatz 3
D-94032 Passau
+49 (0)851 2380

Gasthaus Zum Hoffragner
Große Messergasse 8
D-94032 Passau
+49 (0)851 9666466

17 Im Aufenthaltsraum der Kunst
Galerie Horst Stauber

Wenn ab 11 Uhr vormittags die Tür bei Horst Stauber am Residenzplatz angelehnt ist, bedeutet das, dass seine Galerie geöffnet ist. Von außen kann man bereits durch die großen Schaufenster sehen, ob der allseits bekannte Glaskünstler und Galerist an seinem angestammten Platz am kleinen Tisch mit all den Bücher- und Zeitschriftenstapeln sitzt. Wer die Galerie betritt, kommt nicht nur in den Genuss besonderer Ausstellungen, sondern begegnet auch immer zuerst dem Menschen Horst Stauber.

Der aus einer böhmischen Glasdynastie stammende Künstler ist eine Berühmtheit in der Altstadt und seit Jahrzehnten eine gefragte Persönlichkeit Passaus. Die wohltuende Gelassenheit Staubers springt auf seine Gesprächspartner über, seine hintersinnigen, immer gescheiten und feinen Gedanken wirken belebend. International gefeierte Künstler wie Ernst Fuchs oder Arnulf Rainer stellten bei ihm ebenso aus wie der von ihm hochgeschätzte Passauer Kollege Alois Jurkowitsch. »Man muss sich in der Kunst aufhalten können«, umschreibt Horst Stauber ein wichtiges Auswahlkriterium seiner Schützlinge.

Gleich am Eingang sind auch ein paar seiner eigenen Objekte ausgestellt. Ausgebildet wurde Stauber im Bayerischen Wald, in Murano und an der Wiener Akademie. Heute sind einige seiner Arbeiten unter anderem in der *Münchner Neuen Sammlung* vertreten. Wenn der Passauer, der mittlerweile über fünf Jahrzehnte schöpferisch mit Glas arbeitet, ins Plaudern gerät, kann man Kunst kaum näher kommen. Fasziniert lauscht man seinem Bericht, wie er eine glockenförmige Schale mit spiralförmigem Muster in einen Sack gesteckt hat, auf den Boden geworfen und die Scherben neu verschmolzen hat, wenn er von der Auflösung und Auslöschung bestehender Strukturen spricht und wie eine Oberfläche irisierend wird. Die Galerie ist nach Anmeldung geöffnet.

Horst Stauber schätzt die gute Küche im Wirtshaus *Zum Hoffragner* am Residenzplatz, dort sollte jeder mal gewesen sein.

Geschäfte in der Grabengasse
D-94032 Passau

Tante Emmer – unverpackt & bio
Grabengasse 23
D-94032 Passau
+49 (0)851 21376426

18 Kleine und feine Läden
Geschäfte in der Grabengasse

In der Grabengasse, die sich von der Ludwigsstraße bis zum Unteren Sand erstreckt, reihen sich viele malerische Geschäfte aneinander, die zu einem gemütlichen Einkaufsbummel einladen. Ob Trachten, Blumen, Mode, Schmuck oder Schokolade – hübsch geschmückte Schaufenster machen Lust auf Anschauen und Probieren. Sogar kleine Lebensmittelhändler bestehen an diesem Standort.

Geschäfte mit regionalen Angeboten und der *Tante Emmer*-Laden, der unverpackte Bio-Produkte anbietet, tragen zum Charme der Grabengasse bei. Diese kettenunabhängigen Geschäfte leben von der Unterstützung jener Menschen, die sich noch Zeit beim Einkaufen und der Auswahl der Produkte nehmen. Carola Böhm, die *Tante Emmer*-Chefin, hat sich mit ihrem Geschäftsmodell zu einem Nahversorger entwickelt. »Der schönste und ruhigste Weg führt durch die Grabengasse«, weiß sie. »Egal, ob jemand in die Altstadt geht oder in die Innstadt«.

Ihre Kunden begrüßen das regionale Angebot des Unverpackt-Ladens. Die Eier kommen aus Obernzell, Brot aus der Grafmühle, Bier aus Haselbach, Seifen aus Schardenberg, Körperbutter aus Ortenburg. Kräuter bezieht Carola Böhm von einer Genossenschaft aus dem Mühlviertel, der Tee mit Bio-Siegel kommt aus Aldersbach. Wenn die Wege kurz sind, tue das allen gut, findet die *Tante Emmer*-Chefin. Natürlich bedarf es einer Umstellung, mit eigenen Behältern und Tüten einkaufen zu gehen. Aber Carola Böhm versteht dies als Angebot, nicht als Einschränkung. »Wir ermöglichen unseren Kunden, dass sie plastikfrei einkaufen können. Bei uns soll man das gleiche Gefühl haben wie auf dem Wochenmarkt.« Die Geschäftsinhaberin freut sich, dass ihr Konzept erfolgreich ist und sie sich in der Gemeinschaft der Grabengasse wohlfühlt.

Am Unteren Sand, am Ende der Grabengasse, liegt linker Hand die *Pesto-Werkstatt* – unbedingt alles durchprobieren (www.pesto-werkstatt.de)!

ScharfrichterHaus
Milchgasse 2
D-94032 Passau
+49 (0)851 35900

19 Und der Kopf bleibt dran
ScharfrichterHaus

Kino, Kabarett und Restaurant – das *ScharfrichterHaus* bietet gleich drei gute Gründe für einen Besuch, und dabei ist der absolute Kultstatus der Kleinkunstbühne noch nicht einmal berücksichtigt.

Gut, auch wenn es längst nicht mehr der Hort der Oppositionellen ist wie in seinen ersten Jahren, so ist das renommierte Haus doch untrennbar mit diesem Teil der Geschichte verknüpft. Die Gründer, Edgar Liegl und Walter Landshuter, orientierten sich bei der Namensgebung an der Tradition des politisch engagierten Kabaretts. Unter der Bezeichnung »Elf Scharfrichter« kämpften im München um 1900 Satiriker und Kabarettisten mit der Zensur und landeten im Gefängnis. Im damals stark durch CSU, Kirche und konservativer Tagespresse geprägten Passau öffnete das *ScharfrichterHaus* 1977 seine Pforten in der Absicht, ein Forum der Gegenöffentlichkeit zu schaffen.

Künstler wie Sigi Zimmerschied oder Bruno Jonas sind mit diesen Anfangsjahren eng verbunden und treten noch heute im Kleinkunsttheater auf. Seit rund vier Jahrzehnten wird nicht nur Kabarett, Comedy, Musik und Literatur geboten, sondern ebenfalls der Kabarettpreis *Scharfrichterbeil* vergeben. 1983 gewann Hape Kerkeling die erste Auszeichnung.

Statt mit Lust am Widerspruch überzeugt heute das *ScharfrichterHaus* unter der Leitung von Matthias Ziegler mit anderem Können. Die Gäste erwartet ein ausgesprochen gediegenes Lokal mit feiner österreichisch-bayerisch orientierter Küche, einer sehr guten Getränkekarte und mit einem lauschigen Innenhof im Sommer. In seinem Kern gehört das Gebäude zu den ältesten Häusern der Stadt. Seinen Namen verdankt der Bau übrigens auch einer Legende, der zufolge früher der Scharfrichter von Passau an diesem Ort gewirkt haben soll. Aber keine Angst: Wenn man seine Zeche zahlt, bleibt der Kopf dran.

Aufmerksamkeit verdient das Filmtheater im Haus, das unter die besten fünf Programmkinos Deutschlands gewählt wurde.

Passauer Erlebnisbad peb
Messestraße 7
D-94036 Passau
+49 (0)851 560260

Padu Innstraße
Innstraße 44–46
D-94032 Passau
+49 (0)851 7569746

20 Viel mehr als Wasser
peb-Erlebnisbad

Zugegeben, sehr originell klingt die Bezeichnung *peb*, kurz für »Passauer Erlebnisbad«, nicht. Was sich dahinter verbirgt, lohnt sich allerdings herauszufinden.

Da wäre zunächst einmal eine eigene Saunawelt mit dem sogenannten *Saunadom*, und dieser ist so spektakulär, wie sein Name verspricht. Mit einem Durchmesser von etwa 13 Metern bietet er auf drei Etagen Platz für etwa 100 Personen. Er wird auch »Panorama-Sauna« genannt, da man während des Schwitzens bei 90 Grad Celsius den schönen Ausblick auf den Neuburger Wald genießen kann. Ob Finnische Sauna, Birkensauna, Stollensauna oder Galeriesauna – das Angebot im *peb* verdient den Titel »Saunawelt«, in der man sich ohne Probleme einige Stunden aufhalten kann.

Damit wäre noch nichts gesagt zum Hallenbad, das mit Solebecken, Whirlpool, Dampfbad zum Entspannen und mit einem 25-Meter-Becken zur Bewegung anregt. Auf der Reifenriesenrutsche mit stolzen 90 Metern kommt für Kinder und Erwachsene der Spaß nicht zu kurz. In der zweiten, 82 Meter langen Black-Hole-Rutsche, saust man durch eine Röhre mit verschiedenen Licht- und Soundeffekten hinab.

Das Freibad, das sogar mit 50-Meter-Becken und zwei Profi-Volleyballplätzen höchsten Fitnessstandards genügt, bietet von Mai bis September auf großer Fläche ein Fleckchen für jedermann. Auch Ruhesuchende sind im *peb* willkommen: Herrliche parkähnliche Grünflächen lassen einen den Freibadtrubel unter den vielen Schatten spendenden Bäumen leicht vergessen. Wie eine eigene Erlebniswelt sind die geschützten Liegewiesen, die man bei einem Spaziergang über das Gelände erkunden kann. Um den Kreislauf anzukurbeln, eignen sich ein etwas versteckt liegendes Kneippbecken, ein großzügiger Spielplatz zum Toben und eine Partie Wiesenschach. Die vielfältigen Aktivitätsmöglichkeiten machen das *peb* zu einem abwechslungsreichen Ausflugsziel.

Bei großem Hunger nach dem Schwimmen empfiehlt sich die große Holzofenpizza im *Padu* in der Innstraße.

**Keramikwerkstatt
Hans Fischer**
Linzer Straße 27
D-94032 Passau
+49 (0)851 31396

21 Was von der Hand geht
Keramikwerkstatt Hans Fischer

Betritt man den hellen Verkaufsraum mit der Keramik von Hans Fischer, ist sie rundum spürbar, die Mannigfaltigkeit und Beschwingtheit des Seins. Teller, Schalen, Krüge leuchten einem entgegen. Behutsam gestapelt in den Regalen oder auf Tischen verbreiten die vielen Kostbarkeiten eine faszinierende Aura.

Wer sich einmal an eine irdene Tasse in der Hand gewöhnt hat, möchte keine porzellanene mehr. »Irden« steht für eine eigene Klasse niedrig gebrannter keramischer Werkstoffe. Ob cremeweißes, handgedrehtes Geschirr mit weichen Formen, sparsam verwendeten Dekorelementen oder bunte Ware mit Tiermotiven auf dem Tassenboden – Hans Fischers Schöpfungen bereiten gute Laune. Man spürt die Heiterkeit, den Geist und die Inspiration, mit der die Stücke geschaffen wurden. »Ich möchte mit Dingen des täglichen Gebrauchs dazu beitragen, dass unser Leben etwas an Leichtigkeit und Farbigkeit des Südens dazugewinnt«, sagt Hans Fischer, der sich in seiner Arbeit dem Mediterranen verbunden fühlt. Aber auch das Südöstliche, Einflüsse aus Ungarn und Rumänien sind seinen Objekten anzumerken. »Ja, man kann sie kaufen, und ja, man soll sie benutzen«, sagt Hans Fischer lachend, der neben seinen Geschirrkreationen ebenfalls »Kunst-Kunst« erschafft und ausstellt.

Der 1957 geborene Niederbayer, der sein Handwerk bei Jörg von Manz gelernt hat, versteht künstlerisches Gestalten als einen Erkenntnisprozess, der über die Sinne geht. »Man bewegt sich an einer Grenze, an der man noch nicht weiß, was ist, wo man noch nicht erkennt, wohin es geht. Es geht auch um Bewusstwerdung. Wenn ich am Geschirr arbeite, unterliegt das anderen Gesetzmäßigkeiten, denn dann ist die Arbeit der Disziplin unterworfen, einen Teller herzustellen.« Einkaufen kann man direkt in der Werkstatt, nach telefonischer Vereinbarung.

Hans Fischer erzählt in seinem Geschirr oft Geschichten – daher den Kaffee bis zum Tassenboden auszutrinken!

Konzertsommer im Rathausinnenhof
(Juli/August)
JazzFest Passau e.V.
Rathausplatz 2
D-94032 Passau
+49 (0)851 21246410

Kranabith
Schrottgasse 10
D-94032 Passau
+49 (0)851 21248498

22 Lauschige Abende
Rathausinnenhof im Konzertsommer

Der Jazz ist in Passau mittlerweile keine Nischenveranstaltung mehr, sondern mitten in der Gesellschaft angekommen – auch räumlich. Die Stadt stellt für die Musikveranstaltungen *JazzFest Passau* den malerischen Rathausinnenhof als Schauplatz zur Verfügung. An vielen Juli- und Augustabenden werden unter der alten Kastanie Bänke aufgestellt und der Platz zum Open-Air-Konzertgelände umgewandelt. Mitten in der Altstadt darf bei Bier, Wein oder Limonade Livemusik genossen werden – zu freiem Eintritt.

Die besondere Konzertreihe mit internationalen und nationalen Bands wurde von den Betreibern des *Café Museums* ins Leben gerufen. Sie achten jedes Jahr auf ein interessantes und abwechslungsreiches Programm mit Blues über Weltmusik bis Jazz. Auch lokale und überregionale Big Bands erhalten alljährlich im Sommer ihre Bühne. Ob großes Ensemble oder ein Abend mit Akkordeonsolo – im Innenhof herrscht eine lockere Atmosphäre statt konzertantes Stillsitzen, und man kann kommen und gehen, wann man möchte.

Über die Jahre wurde das *JazzFest Passau* immer populärer, und so strömen an manchen lauschigen Abenden mehrere hundert Zuhörer zum Rathaus, um den Sommer und die Musik zu feiern. Die zum Teil weitgereisten Künstler stammen von den Kapverden, aus Russland, Polen und den USA und bringen internationales Flair in die Dreiflüssestadt.

Der Schauplatz mit seinem schönen historischen Ambiente wird ansonsten selten genutzt und erfährt mit dem *JazzFest Passau* seit einigen Jahren eine deutliche Belebung. Besonders an heißen Sommerabenden bietet der Platz ein angenehm kühles Klima und erinnert an alte italienische Palazzi.

Schräg gegenüber dem Eingang zum Rathausinnenhof liegt das Lokal *Kranabith*, in dem ein engagierter (Land-)Wirt das nachhaltige »farm to table«-Konzept umsetzt.

Café-Pension
Das Hornsteiner
Steinweg 14
D-94032 Passau
+49 (0)851 96648978

Antiquariat
Heiner Henke
Domplatz/Luragogasse 5
D-94032 Passau
+49 (0)851 2141

23 Urban und urig
Café-Pension *Das Hornsteiner*

Das Hornsteiner-Haus ist geschichtsträchtig. Passauer verbinden das Gebäude untrennbar mit der gleichnamigen Instrumentenbauerfamilie, und darum ist es nur konsequent, dass die neuen Besitzer diesen Namen bewahren. Die Café-Pension *Das Hornsteiner* haucht dem ehrwürdigen Bauwerk, das auf die zweite Hälfte des 17. Jahrhunderts datiert wird, indes neues Leben ein. Wunderbar saniert und eingerichtet steht es am Steinweg und der alten Schlosserstiege an einem der malerischsten Plätze der Altstadt.

Das Café lädt zum Frühstück oder zur Kaffeepause zwischendurch. Die Auswahl der Getränke und Snacks (Antipasti, Tapas, hausgemachte Kuchen) ist ebenso liebevoll durchkomponiert wie das Angebot an Lesestoff. Wenn der Sommerwind bei geöffneten Türen und Fenstern durch die Räume weht, an den kleinen Tischen in Zeitungen geblättert wird und draußen ein Roller über das Kopfsteinpflaster des Steinwegs knattert, versprüht das *Hornsteiner* den Charme einer Bar in Wien, Rom oder Paris. Dass sich viele lokale und überregionale Künstler wie zu Hause fühlen, liegt unter anderem an Besitzer Till Hofmann, der als Konzertveranstalter und Kulturmanager die Bohème wie ein Magnet anzieht. Auch wegen ihm entwickelt sich aus dem geschichtsträchtigen ein geschichtenträchtiges Haus, zu dem jeder etwas zu erzählen hat, der es einmal besucht hat.

Trotz oder gerade wegen des urbanen Flairs ist das *Hornsteiner*, das in dieser Form seit 2015 besteht, angenehm urig geblieben und ein beliebter Treffpunkt für die lokale und studentische Szene. Manche nutzen das Café als Denkort zum Pausieren, andere für einen Drink zwischendurch. Mit ihren individuell ausgestatteten und gemütlichen Zimmern ist die Pension zudem für einen Urlaubstrip geeignet. Nicht zuletzt lockt die hauseigene Sauna an zur Auszeit.

Vom *Hornsteiner* führen nur wenige Schritte zum Domplatz. Dort ist das Antiquariat Henke einen Besuch wert.

Drucklädchen Heidi Freyberger
Steinweg 18
D-94032 Passau
+49 (0)851 34805

Confiserie & Café Simon
Am Rindermarkt 10
D-94032 Passau
+49 (0)851 4909569

24 Es war einmal ... alles analog
Drucklädchen Heidi Freyberger

Was ist Papier in Zeiten der Digitalisierung noch wert? Wer schreibt noch Briefe auf handgeschöpften Seiten oder kümmert sich überhaupt um deren Qualität? Wer überlegt sich noch ausgefallene Motive für Ansichtskarten? All diese Fragen lassen sich in einem kleinen Laden am Passauer Steinweg in herrlicher Vielfalt reflektieren. Man übersieht ihn beinahe, weil er nicht mit lauter, auffälliger Dekoration auf sich aufmerksam macht. Aber wer einmal seine Schwelle übertreten hat, der kommt aus dem Schauen nicht mehr heraus.

Das Drucklädchen von Heidi Freyberger ist übersichtlich, doch die Auswahl an Besonderheiten ist riesig. Edle Notizbücher und andere ausgefeilte Buchbindearbeiten, Drucke, Karten für alle Anlässe, Briefpapier mit außergewöhnlichem Dekor und noch vieles mehr füllt die Regale. Bestellungen treffen aus ganz Deutschland, Europa und sogar aus den USA per Telefon und Fax ein. Eine Webseite gibt es nicht – in der Druckerei und Buchbinderei wird aus Überzeugung ausschließlich der analoge Weg beschritten und damit den Wert des Papiers in doppelter Hinsicht gelebt.

Mit wunderbaren Mustern und Farben heben sich die Arbeiten im Drucklädchen vom Angebot anderer Geschenkartikelgeschäfte in der Stadt ab. Und die Artikel sind exklusiv, da man sie nirgendwo online bestellen, sondern nur hier und jetzt in diesem Laden erwerben kann. Dadurch wird der Einkauf zu einem Erlebnis, bei dem man zudem erfährt, wie sich das Papier anfühlt und wie Ideen zu bestimmten Motiven entstanden sind.

In allen Ecken zu sehen ist die schönste Handarbeit, inspiriert und geschmackvoll. Wer Papier in seiner feinsten Ausführung liebt, ist bei Heidi Freyberger goldrichtig und wird darüber hinaus sehr freundlich beraten. Ein durch und durch guter Geist durchweht dieses Geschäft mit seinem einzigartigen Angebot.

Ein paar Schritte weiter befinden sich der Paulusbogen und der Rindermarkt, wo man es sich im *Café Simon* bei besten Kuchen richtig gut gehen lassen.

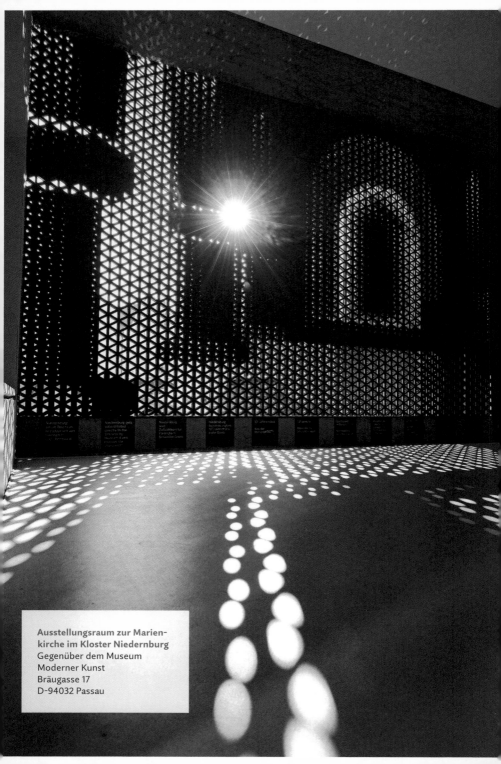

**Ausstellungsraum zur Marien-
kirche im Kloster Niedernburg**
Gegenüber dem Museum
Moderner Kunst
Bräugasse 17
D-94032 Passau

25 Spannende Zeitreise
Ausstellungsraum zur Marienkirche

In einem etwas versteckten Winkel in der Altstadt kann man auf eine spannende Zeitreise gehen: Im Kloster Niedernburg in der Bräugasse wurde dem ältesten Gotteshaus Passaus durch ein spannendes architektonisches Konzept wieder Leben eingehaucht.

Mitte des 12. Jahrhunderts dürfte die Marienkirche entstanden sein, von der nach einem Brand 1662 nur die Stümpfe der Westtürme und die dazwischenliegende Vorhalle übrig geblieben sind. Die romanischen Wand- und Deckengemälde in diesem Raum stammen aus der Zeit um 1200 und sollten auch langfristig erhalten werden. Die daraufhin entstandene Konstruktion und Neugestaltung eines Vorraums, der durch das Passauer Architekturbüro Erwin Wenzl in Zusammenarbeit mit Ingrid Höber-Caspari unter Einbindung von Passauer Schülern entworfen wurde, stellt ein einzigartiges Projekt dar. Das Konzept für die Ausstellungs- und Dokumentationsfläche wird von den Gedanken getragen, einen Blick auf die historischen Malereien zu ermöglichen und zugleich eine Idee des nicht mehr vorhandenen Kirchenschiffs zu vermitteln.

Durch ein »Fenster« an der Ostseite können die Besucher ohne Einschränkung die Gemälde im benachbarten Profanum betrachten. Die auf der gegenüberliegenden Westseite neu gebaute halbtransparente Fassade gibt einen Eindruck der einstigen Marienkirche. Durch eine Stahl-Laser-Fassade entstehen bei entsprechendem Lichteinfall der Raumeindruck und eine faszinierende Atmosphäre.

Im Ausstellungsbereich wurden neuzeitliche Putze von den Wänden entfernt, die stadtgeschichtlichen Schichten freigelegt und durch wenige neuzeitliche Gestaltungselemente überlagert. So wird die Historie Passaus fortgeschrieben.

Die Heiligkreuz-Kirche gehört auch zum Klosterkomplex. Sie beherbergt die Gebeine der seligen Gisela. Die bayerische Adelige heiratete einen ungarischen König, ging nach dessen Tod um das Jahr 1000 nach Passau und wurde Äbtissin in der Abtei Niedernburg.

**Wirtshaus und Pension
Goldenes Schiff**
Unterer Sand 8
D-94032 Passau
+49 (0)851 34407

Theatercafé
Unterer Sand 2
D-94032 Passau
+49 (0)851 2590

26 Die beste Kruste
Wirtshaus *Goldenes Schiff*

Die Kruste ist wichtig und kann nicht hoch genug geschätzt werden. Gemeint ist die köstliche Kruste des Bio-Schweinebratens, der im *Goldenen Schiff* serviert wird. Und auch die Mohnfingernudeln mit Beeren zur Nachspeise sind wohlig knusprig. Das *Goldene Schiff* ist ein Hort für Genießer.

Das Wirtshaus liegt im Herzen Passaus, wenige Minuten vom Dom entfernt und in der Nähe des Innufers *Am Unteren Sand*. Es blickt auf eine lange Tradition zurück. Bereits im 13. Jahrhundert stand an dieser Stelle eine Gastwirtschaft. Das heutige Gebäude wurde um 1750 vom Kloster Niederalteich neu errichtet. Während des Hochwassers im Jahr 2013 wurden große Teile des Hauses zerstört. Mit großer Liebe und Anstrengung wurde es wiederaufgebaut und saniert. Bilder im Eingangsbereich erzählen von den schweren Zeiten, die das *Goldene Schiff* mittlerweile erfolgreich überwunden hat. Der hübsche, geschützte Biergarten hinter der Gaststätte ist im Sommer einer der lauschigsten Plätze mitten in der Stadt. Die sonnige Terrasse vor dem Haus lädt ebenfalls zur Einkehr nach einem Bummel durch die Gassen.

Ein Platz in der gemütlichen Gaststube ist das ganze Jahr über heiß begehrt, denn im *Goldenen Schiff* wird die Wirtshauskultur gelebt. Der Stil ist dennoch nicht »krachert«, wie der Passauer sagt, sondern wohltuend bodenständig. Die Speisekarte ist angenehm beständig und bietet trotzdem immer wieder was Neues. Serviert werden traditionelle bayerische, aber auch köstliche vegetarische Gerichte. Gerne wird zudem italienisch und österreichisch gekocht. Bei den Zutaten achten die Wirtsleute auf zuverlässige Herkunft; viele Speisen sind biozertifiziert. Annette Piwowarsky und Peter Wolf betreiben neben der Gastwirtschaft im selben Haus eine Pension und vermieten charmante Zimmer mit wohnlichen Holzböden und historischen Stuckdecken.

Noch Lust auf einen Absacker? Das Theatercafé liegt nur ein paar Häuser weiter.

Innsteg/Fünferlsteg
D-94032 Passau

Lokal Innsteg
Innstraße 15
D-94032 Passau
+49 (0)851 51257

27 Amore, Amore
Fünferlsteg

Wenn man den Fünferlsteg an einem späten Sonnennachmittag über-quert, wirft die Brücke ihren Schatten eindrucksvoll auf das Innwas-ser. Der Innsteg verbindet seit 1916 die Passauer Innstadt auf Höhe der Kirche St. Severin mit dem gegenüberliegenden Ufer nahe des Nikolaklosters und der Universität. Ihren Namen im Volksmund verdankt die Fußgängerüberführung der bis 1976 bestehenden Brü-ckenmaut von anfangs fünf Pfennigen. Das ehemalige Mauthäuschen beheimatet heute das kleine Lokal *Die Küche*, das Weine, Suppen, Quiche und Schnittchen anbietet.

Gerne lassen sich die Menschen Zeit beim Queren des schma-len Überwegs über den Inn. Dass er nicht nur der puren Verbindung zwischen den beiden Ufern dient, davon zeugen unter anderem die unzähligen am Geländer angebrachten und mit Namen versehenen Vorhängeschlösser. Sie wurden symbolisch von Paaren aufgehängt, um Zusammenhalt zu demonstrieren. Das Ritual der Liebesschlös-ser kommt ursprünglich aus Italien. 2011 wurden die ersten Exem-plare am Fünferlsteg befestigt. Somit ist der Innsteg besonders für Turteltauben ein romantischer Platz, um sich ihrer Verbundenheit zu vergewissern. Unabhängig von Liebesschwüren lässt der herr-liche Blick auf den historischen Kern Passaus und über den Inn aber jeden Passanten auf der Brücke verweilen.

Auf der anderen Seite angekommen, lohnt sich in der Innstadt ein Besuch des Severinsfriedhofs. Einige berühmte Persönlichkei-ten der Region liegen dort begraben wie etwa der Heimatschrift-steller Max Matheis oder der Domkapellmeister Johannes Maria Mosler. Teil des Innstadtfriedhofs ist zudem die Domherrengruft. In ihr finden die verstorbenen Mitglieder des Domkapitels ihre letzte Ruhe.

Nach der Brücke benannt ist das Lokal *Innsteg* an der Promenade, das mit einer sehr schönen Terrasse überzeugt.

Aronia vom Langlebenhof
Lebensgemeinschaft Langlebenhof
gemeinnützige GmbH
Alte Rieser Straße 19
D-94034 Passau
+49 (0)851 72233

28 Kleine Beere, große Wirkung
Aronia vom Langlebenhof

Nur ein paar Minuten von Passaus Stadtzentrum entfernt, wächst in Hacklberg eine wahre Wunderbeere. Aronia heißt das winterharte Gewächs, das fast nichts braucht und seine Robustheit an den Menschen weitergibt. Die Demeter-Produkte aus Aronia, die in der Produktionsstätte auf dem Langlebenhof entstehen, sind nur ein Teil der Idee der Lebensgemeinschaft. Der andere ist ein Wohnprojekt für Menschen mit Behinderungen.

Der Initiator und Gründer wollte seinen beiden beeinträchtigten Söhnen auf dem idyllisch gelegenen landwirtschaftlichen Anwesen ein behütetes Zuhause bieten. »Sie sollten in der Gemeinschaft mit anderen seelenpflegebedürftigen Menschen ein selbstbestimmtes Leben führen dürfen«, sagt Hans Dorn. Die Bewohner werden von Heilerziehern versorgt und gefördert und arbeiten sogar auf dem Hof mit. Durch den Anbau und die Ernte der Aroniabeere, die Herstellung einzelner Produkte sowie den Verkauf und Vertrieb ist eine Vielzahl von Betätigungsfeldern entstanden. Bei Führungen erhalten Besucher Einblicke in den mit viel Liebe und Sorgfalt geleiteten Betrieb.

Auf 28 Hektar werden die Beeren angebaut. Die Demeter-Philosophie vom kompletten Verzicht auf Pestizide und Herbizide bringt es mit sich, dass man ab März dem Team vom Langlebenhof nahezu ausschließlich auf ihren Aroniaplantagen begegnet. Sie hacken geduldig das Unkraut zwischen den Reihen aus. »Bei unseren Plantagen schaffen wir Ausgleichsflächen, um Platz für Insekten und andere Tiere zu kreieren. Im Einklang mit der Umgebung entsteht so ein kräftespendendes Getränk aus der Region Passau«, erklärt Geschäftsführer Viktor Merklinger. Der Saft gilt als wohltuend durch zahlreiche Antioxidantien, Mineralstoffe und Vitamine. Die Erlöse kommen dem Wohnprojekt am Langlebenhof zugute.

Aushängeschild des Hofs ist der weltweit erste Demeter-Aroniasaft, doch im hofeigenen Laden werden auch weitere Produkte wie Pulver, Liköre und Aufstriche verkauft.

29 Ernte über den Dächern der Stadt
Klosterberg

Der Klosterberg liegt abseits der touristischen Pfade in der Passauer Ilzstadt, hoch über dem Zusammenfluss von Donau und Ilz. Markant thront auf der Anhöhe das ehemalige Salvatorianerkolleg, das sich mittlerweile in Privatbesitz befindet.

Das einstige »Nonnengut«, das vor der Säkularisation den Benediktinerinnen Niedernburgs gehörte, war 1925 von den Salvatorianern für ihre Studenten der Passauer Theologischen Hochschule gekauft worden. In den 1950er-Jahren lebten bis zu 100 Personen auf dem Klosterberg. Die Salvatorianer verließen den Ort im März 2006. Heute beheimatet das Gebäude private Wohnungen. Geblieben ist jedoch die klösterliche Tradition des Obstanbaus.

Vor allem Äpfel, zudem Johannis-, Stachel-, Heidel- und Himbeeren sowie Kirschen und weitere Früchte gedeihen bestens in der hohen Lage. Beliebt ist das Angebot der Selbsternte auf dem Klosterberg: Jeder kann in Eigenregie gesundes Obst aussuchen und mit nach Hause nehmen. Viele Passauer schätzen die Möglichkeit, heimische saisonale Früchte vor der Haustür zu pflücken. Zugleich genießen wir Einheimischen die Schönheit der blühenden Obstplantagen zur Frühjahrszeit.

Weiter oberhalb der Anlage auf Höhe des Jägerhofs liegt ein idyllischer Aussichtspunkt, von dem sich in eine Richtung der Blick auf die Altstadt sowie Veste Oberhaus und in die andere die Sicht auf die Ilzstadt öffnet. Der Klosterberg ist mit dem Auto befahrbar, lässt sich aber auch gut zu Fuß erklimmen. Vom Rathausplatz aus benötigt man etwa eine halbe Stunde. Während des Spaziergangs hat man die Möglichkeit, immer wieder stehen zu bleiben und das herrliche Panorama wirken zu lassen.

Der Weg auf den Klosterberg führt nah an einem Wahrzeichen der Dreiflüssestadt vorbei, der Veste Niederhaus, die auf der Spitze der felsigen Landzunge am Zusammenfluss von Donau und Ilz steht.

Am Stephanskreuz
Linzer Straße/Haltestelle
Klafterbrunnenweg
D-94032 Passau

Schwägerlwirtschaft
Löwengrube 1
D-94032 Passau
+49 (0)176 24951934

30 Magische Ausblicke
Aussichtspunkt am Stephanskreuz

Wenn man denkt, schon alle malerischen Aussichtspunkte in Passau besucht zu haben, wird man eines Besseren belehrt. Das Stephanskreuz verströmt eine besondere Magie, und das liegt vor allem darin begründet, dass es an keiner touristischen Route liegt. Darum ist man dort meist mit Ruhe gesegnet und kann das Panorama ungestört genießen, mitten auf einer Wiese am Waldesrand.

Das sechs Meter hohe Denkmal, das an exponierter Stelle aufgestellt wurde, soll an den Volksaufstand in Ungarn 1956 erinnern. Das Kreuz wurde nach dem ersten christlichen König Ungarns benannt, dem heiligen Stephan, dessen Gemahlin Gisela, eine Tochter des Bayernherzogs Heinrich II., in Niedernburg begraben liegt. Vor diesem Hintergrund spricht man in Passau auch vom »Ungarnkreuz«. Alljährlich wird im Juni an diesem Ort vom Deutsch-Ungarischen Freundeskreis eine Gedenkfeier veranstaltet. In den 1930er-Jahren war an derselben Stelle von den Nationalsozialisten ein Heldenkreuz errichtet worden, das erst in den 1950er-Jahren entfernt wurde.

Von der Innstadt aus lässt sich der Aussichtspunkt über die Linzer Straße erwandern. Zu Beginn kommt man an einem markanten Tor vorbei, einem zweigeschossigen Bau, dessen Kern noch aus dem 15. Jahrhundert stammt. Aber auch ein Bus fährt den Hammerberg zum Denkmal hinauf. Ab der Haltestelle der Linie K2, Klafterbrunnenweg, führt ein Feldweg den letzten Abschnitt zur Sehenswürdigkeit. Ein Schild zeigt die Richtung an. Nach etwa fünf Minuten Fußmarsch hat man das Kreuz erreicht. Der Pfad verliert sich dann, und man steht mitten auf einer Wiese vor dem Denkmal.

Manchmal trifft man Liebespaare, die den romantischen Ausblick genießen, oder Hundehalter beim Gassigehen. Ansonsten lebt dieser Ort von der Stille und Abgeschiedenheit. Wenn man eine Decke mitnimmt, kann man einige lauschige Stunden verbringen und sich in der Ferne verlieren.

In der Innstadt ein Muss: Die Möbelverwandelei von Katharina Schwägerl. Sie zaubert aus alten Möbeln Neues.

Fahrt mit der Ilztalbahn
(Mai–Oktober)
Startpunkt:
Hauptbahnhof Passau
Bahnhofstraße 29
D-94032 Passau
+49 (0)8581 9897136

Schloss und Schloss-
gaststätte Fürsteneck
Schlossweg 5
D-94142 Fürsteneck
+49 (0)8505 1473

31 Naturerlebnisse auf Gleisen
Fahrten mit der Ilztalbahn

Seit über 125 Jahren trotzen die Freunde und ehrenamtlichen Förderer der Ilztalbahn Überschwemmungen der Ilz, den Stürmen und Murenabgängen entlang der Gleise sowie konträren ökonomischen Absichten und politischen Wirrnissen. Mit großem Engagement hüten sie die knapp 50 Kilometer lange eingleisige Bahnstrecke von Passau nach Freyung im Bayerischen Wald.

Heutzutage ist die Waldbahn jedenfalls Attraktion und Naturerlebnis der besonderen Art. Eine Fahrt bietet sich als Tagesausflug in Gegenden an, in denen sich nicht nur Fuchs und Hase Gute Nacht sagen, sondern auch Begegnungen mit Luchs und Wolf möglich sind – und das ohne Auto. Ausgangspunkt ist der Bahnhof in der Dreiflüssestadt, wo sich der Zug in den Sommermonaten immer samstags, sonntags und feiertags im Zweistundentakt in Bewegung setzt. An den Zwischenstationen kann man die Fahrt für kurze Wanderungen oder Besichtigungen unterbrechen und die Tour mit der nächsten Verbindung fortsetzen.

Eindrucksvoll ist bereits ein Kurztrip bis nach Kalteneck bei Hutthurm. Von dort aus kann man zu Fuß oder per Pedale entlang der romantischen Ilz nach Passau zurückkehren. Das Mitnehmen von Fahrrädern ist – mit Ausnahme der Nostalgiefahrten mit alten Loks und Waggons – im Angebot der Ilztalbahn enthalten. Lohnenswert ist auch von Waldkirchen ein Abstecher mit dem Linienbus nach Haidmühle, wo man ab der Grenzstation Nové Údolí mit der Bahn sogar noch weiter durch den Böhmerwald und entlang dem Moldaustausee bis zum UNESCO-Weltkulturerbe Krummau reisen kann. Genauso reizvoll und empfehlenswert ist ab Freyung ein Abstecher mit dem Bus nach Neuschönau, den man mit einem Besuch des Nationalparks Bayerischer Wald verknüpfen kann. Dort lassen sich der Baumwipfelpfad besteigen und Tierfreigehege besichtigen.

Wenn man in Fürsteneck aussteigt, lohnt sich ein Ausflug zum Schloss mitsamt Gaststätte.

Neuburger Wald
Startpunkt: Wanderparkplatz
Passau-Ingling
Zufahrt über Innstraße
D-94036 Passau-Ingling

**Passau Tourist-
Information**
Bahnhofstraße 28
D-94032 Passau
+49 (0)851 955980

32 Sport im Dschungel
Neuburger Wald bei Ingling

Schwitzen macht Spaß! Jedenfalls wenn man sich dabei in einer Naturidylle wie dem Neuburger Wald bewegen kann. Ideale Lauf- und Nordic-Walking-Strecken bietet die grüne Lunge Passaus. Am besten startet man von Ingling am Stadtrand, wo viele Parkplätze zur Verfügung stehen. Vor allem im Sommer lockt das Naturparadies Aktive beim abendlichen Jogging und Familien mit Kindern.

Der Neuburger Wald ist ein die Donau überschreitender Ausläufer des Bayerischen Waldes und bildet somit eine Randzone der Böhmischen Masse. Er erstreckt sich südlich der Donau von der Vils bei Vilshofen bis zum unteren Inn bei Passau und im Südosten bis Neuburg am Inn über fast 30 Kilometer.

Um in Schwung zu kommen, bietet der Motorikpark in Ingling an 50 Stationen gleich den perfekten Einstieg. Die Sport-, Spiel- und Bewegungsgeräte sind für alle Altersklassen geeignet und auf die Förderung von Fitness und Gesundheit ausgerichtet. Eine malerische Laufstrecke den Inn entlang führt durch den Wald ins österreichische Wernstein, das über den Mariensteg erreichbar ist. Dort warten einige Einkehrmöglichkeiten und idyllische Plätze zum Ausruhen direkt am Fluss. Wer genau hinschaut, entdeckt am Wegrand und etwas abseits immer wieder Skulpturen aus Holz.

Der Neuburger Wald ist nicht nur ein Naherholungsziel für viele Passauer. Er ist mit seinen Innhängen auch ein unwahrscheinlich artenreiches Naturreservat, in dem man noch Urwaldbestände finden kann. Auf einen Hektar bündeln sich etwa 30 bis 40 Festmeter Totholz, pro Kubikzentimeter Erdreich lassen sich 50 Meter Pilzfäden feststellen. Der einzigartige Reichtum an Pilzen im Neuburger Wald wurde aus diesem Grund schon mehrfach erforscht.

Mit dem E-Bike lassen sich Steigungen mühelos überwinden. Infos zu allen Verleihstationen bietet die Touristeninformation Passau.

Weinbeißer
(April–Oktober)
Freinberg 2
A-4785 Freinberg
+43 (0)7713 20971

Gasthaus Wirth z'Hareth
Hareth 15
A-4785 Freinberg
+43 (0)7713 81150

33 Kurzurlaub unter Kastanien
Wirtshaus und Biergarten Weinbeißer

Das ist unter anderem das Schöne an unserer Dreiflüssestadt: Man fährt ein paar hundert Meter, und schon schreitet man über die Grenze und heraus aus dem Alltag. Nur wenige Minuten vom Passauer Zentrum liegt der kleine oberösterreichische Ort Freinberg, der wohl über einen der kultigsten Ausflugsbiergärten der Region verfügt.

Viele, denen in der Stadt oder nach der Arbeit die Puste ausgeht und die sich nach einem Kurzurlaub sehnen, trifft man unter den Kastanien beim *Weinbeißer*. Und der Biergarten ist so groß, dass man immer irgendwo ein Platzerl findet für eine Maß und eine Brotzeit. Nachdem man sich mit einem ersten Getränk erfrischt hat, holt man sich etwas vom Grill oder bedient sich am Heurigenbuffet, das im Umkreis einzigartig ist.

Dass der *Weinbeißer* für viele ein Sehnsuchtsort ist, liegt natürlich an seiner tollen Lage: Vom Biergarten öffnet sich ein wunderbarer Blick über das Donautal. Und das ist auch der Grund, warum jeder Student einmal seine Eltern und jeder Passauer einmal seinen Besuch zum *Weinbeißer* mitnimmt. Ein Tag in der Dreiflüssestadt lässt sich bei Weißbier, Most, Hollerkracherl oder einem Achterl Wein bestens abrunden.

Nicht nur in den Sommermonaten überzeugt der *Weinbeißer:* Mit seinen urig-gemütlichen, liebevoll gestalteten Räumlichkeiten, dem alten Stadl und der Weißbierhütte ist das Lokal auch in der kälteren Jahreszeit ein beliebtes Ausflugsziel. Eng mit dem österreichischen Brauchtum verbunden, werden je nach Saison traditionelle Feste gefeiert. Salate, Surbraten oder Backhähnchen sowie Mehlspeisen – auf der Karte steht österreichisch-bayerische Hausmannskost. Viel gelobt wird der »Obazde«, die bayerische Brotzeitspezialität aus Camembert, Butter und Gewürzen.

Eine ebenfalls rustikale, jedoch etwas ruhigere Atmosphäre herrscht beim *Wirth z'Hareth*, einem Traditionsgasthaus im Freinberger Ortsteil Hareth seit über 130 Jahren.

» Man kann weder gut denken
noch lieben, noch schlafen
wenn man nicht gut gegessen hat. «
VIRGINIA WOOLF

BIO
KONDITOREI

BIO EIS
MACHER

Bio-Bäckerei Wagner
Am Zugsberg 1
D-94113 Tiefenbach
+49 (0)8509 91170

34 Nachhaltig und transparent
Gläserne Backstube

Transparenter geht's nicht: In der *Gläsernen Backstube* der Bio-Bäckerei Wagner kann man bei Kaffee und Brotzeit zuschauen, wie die Produkte in ihren einzelnen Arbeitsschritten hergestellt werden. Wo wird der Teig geknetet und wo die Kuchen verziert? Wie werden Semmeln geformt und Streuseln gedreht? In Tiefenbach kann man hautnah handwerkliche Backtradition erleben.

Wer eintritt, dem strömt warmer Ofenduft entgegen, der einer herzlichen Einladung gleichkommt. Mit Feingefühl und bis ins letzte Detail durchkomponiert, ist die *Gläserne Backstube* auf dem Zugsberg ein absoluter Lieblingsplatz – nur etwa zehn Minuten von Passau entfernt. Die Wahl der Materialen und Farben im Gebäude fügt sich innen wie außen harmonisch, ja, geradezu organisch in die Landschaft ein und spiegelt die vier Elemente wider. In dem hochmodernen und zugleich ökologisch orientierten Komplex mit Terrasse und Spielplatz hat der Rudertinger Familienbetrieb auf Tiefenbacher Gemeindeboden seine gesamte Produktion untergebracht. Im neuen zweigeschossigen Bau kann man es sich im geräumigen oberen Stockwerk bei bester Aussicht ins Grüne gut gehen lassen. Oder man nimmt auf den gemütlichen Sitzgelegenheiten im Erdgeschoss und auf der Außenterrasse mit Brotzeit, Dinkelpizza oder Eis Platz.

Der Traditionsbetrieb, der seit 2007 bio-zertifiziert ist, setzt seit Längerem Maßstäbe in der Region, nicht nur Backwaren betreffend. Den Wagners liegt Nachhaltigkeit und Ehrlichkeit in der Produktion am Herzen. Das bedeutet vor allem den Einsatz regionaler und fair bezogener Zutaten. Und wer die Wagner'schen Köstlichkeiten einmal probiert hat, schmeckt den Unterschied. Der Ausflug zum Bäcker wird dadurch zum ganzheitlichen Erlebnis!

In der *Gläsernen Backstube* wird auch regional gebrautes Bio-Bier kredenzt. Das Haselbacher *ThomasBräu* kommt aus dem Nachbarort. In einem der Wagner-Brote steckt ebenfalls Dunkelbier aus der Haselbacher Brauerei.

ThomasBräu
Hofmarkstraße 7
D-94113 Tiefenbach
+49 (0)176 55598690

Landgasthof
Zum Müller
Passauer Straße 16
D-94161 Ruderting
+49 (0)8509 1224

35 Manchmal ist weniger mehr
Brauerei *ThomasBräu*

Wie wäre es mit einem *Bavarian Porter*, obergärig, mit Noten von Schokolade, Orangen, einem leichten Anflug von Rauch? Oder mit einem Altbairischen Landbier, hopfengestopft und mit einem fruchtigen Geschmack nach Beeren, Mango, Zitrone? Aber der Reihe nach. In der alten traditionsreichen Schlossbrauerei in Haselbach, einer kleinen Ortschaft in der Gemeinde Tiefenbach bei Passau, wird wieder Bier produziert, lautete zunächst die gute Botschaft. Dass seine Kreationen darüber hinaus äußerst gut ankommen, freut den Initiator Thomas Stockbauer-Muhr.

Der gebürtige Passauer hat sich 2012 als Brauer selbstständig gemacht und dem eigenen Betrieb seinen Namen gegeben, nachdem er zehn Jahre als Verkaufsleiter in der lokalen Löwenbrauerei gearbeitet hat. Mittlerweile ist das Haselbacher Bier derart beliebt, dass Stockbauer-Muhr mit der Produktion kaum hinterherkommt: Bio-Urstoff-Helles, Weißbier und je nach Saison wohlklingende Tropfen wie *Whiskey-Porter*, eine drei Monate im Whiskeyfass gelagerte Sorte, oder *Dunkler Weizenbock*, würzig und stark, zum »Ablegen« an den Feiertagen, oder *Bio-Kellerpils* mit Hopfenaroma, ein Muss für den Craft-Beer-Fan, findet der Chef des Hauses.

Thomas Stockbauer-Muhr stammt aus einer Brauereifamilie und hat über einige berufliche Umwege zum Traditionshandwerk zurückgefunden. Ein Glück für viele Bierliebhaber, die direkt bei ihm im Betrieb in Haselbach einkaufen oder in ausgewählten Einzelhandelsgeschäften. Regionale Marken sind beliebter denn je, und auch die Gaststätten fragen immer mehr danach. Immer wenn ihn seine Kunden dankbar anstrahlen und seine Produkte loben, strahlt Stockbauer-Muhr und erwidert: »Ja, mein Bier ist eben unfiltriert, ungeschönt und völlig naturbelassen.« Manchmal ist weniger mehr.

Auf Nachfrage sind Führungen durch die Brauerei möglich. Danach auf eine Mahlzeit in den Landgasthof *Zum Müller* in Ruderting.

Kinder Bauernhof

Kirchenwirt Zacher
Dorfstraße 3
D-94113 Kirchberg
vorm Wald
+49 (0)8546 414

36 Paradies für Kinder – und Eltern
Gasthaus Kirchenwirt Zacher

Entspanntes Essengehen mit kleinen Kindern? Das nicht buchstäblich »Essen« und »Gehen« bedeutet, sondern Essen im Sitzen, und das in aller Ruhe? Das geht beim *Kirchenwirt Zacher* in Kirchberg vorm Wald, denn dort hat der Nachwuchs so viel zum Staunen, Spielen, Ausprobieren und Beobachten, dass die Eltern ungestört schlemmen können. Und irgendwann sind auch die Kleinen garantiert hungrig und drängen von selbst an den Tisch.

Das Gasthaus mit Kinderparadies, etwa 20 Minuten von Passau entfernt, bietet sich als Ausflugsziel für Familien perfekt an. Und wo sich der Nachwuchs wohlfühlt, haben auch die Erwachsenen bekanntlich eine erholsame Zeit. Neben dem Biergarten liegt ein gut einsehbarer Spielplatz mit Spielhaus, Rutsche, Traktor, Klettergerüst und vielen Fahrzeugen. Dazu gehört ein Streichelzoo mit Zwergziegen, Miniponys und Hasen. Morgens und abends dürfen die Kleinen bei schönem Wetter sogar mithelfen, die Tiere auf die Koppel zu bringen. Nur zwei Gehminuten vom Haupthaus entfernt führt das Gasthaus sogar einen Bauernhof eigens für Kinder. Mit verschiedenen Gehegen für Hühner, Esel und Schafe, einem Enten- und Fischweiher, einer urigen Hütte, Sandkasten, Kletterbaum und zahlreichen Spielgeräten.

Und nun wieder zum Wohlergehen der Eltern: Der Wirt Franz Zacher ist Metzgermeister und stellt noch selbst sämtliche Wurst- und Fleischwaren für den Laden und das Wirtshaus her. Das Schlachtvieh stammt überwiegend von Bauern aus der Nachbarschaft. Auf der Karte stehen regionale Schmankerl wie der *Zacher Grillteller* oder Herrensteaks. Bei allen Attraktionen für die Kleinen darf man nicht den herrlichen Standort des Gasthauses und der Pension übersehen, die gegenüber einer malerischen Kirche liegen. Die Aussicht von hier reicht weit hinein in den Bayerischen Wald bis zum Dreiländereck.

Mitbringsel aus dem Metzgerladen werden auf Wunsch auch vakuumverpackt. Rund um das Wirtshaus lädt ein *Panoramawegerl* zum Spazierengehen ein.

Wirt z'Kneiding
Schönbach 9
A-4784 Schardenberg
Gasthaus:
+43 (0)7713 6858
Bauernhof:
+43 (0)7713 6428

Kubin-Haus Zwickledt
(April–Oktober)
Zwickledt 7
A-4783 Wernstein am Inn
+43 (0)7713 6603

37 Am wilden Wasser
Dorferkundung und Gasthaus Wirt z'Kneiding

Speckknödel, saftige Steaks und deftige Jausen: Ja, beim *Wirt z'Kneiding* geht es rustikal zu. Schön, wenn dann auch noch die Temperatur des Biers passt, das im Felsenkeller gelagert und im Sommer im Laubengastgarten serviert wird. Doch auch das ganze Jahr über ist die Idylle Kneidings einen Besuch wert.

Nur 20 Minuten von Passau entfernt, liegt auf österreichischer Seite in der Gemeinde Schardenberg dieses außergewöhnliche Kleinod mitten in der Natur. Am rauschenden Kößlbach lassen sich gut gekennzeichnete und leichte Wanderungen unternehmen. Sogar auf den Spuren der Biber kann man durch das Kößlbachtal wandeln und die herrliche Gegend des sogenannten Sauwalds erkunden.

Die Kneidinger halten ihr kleines Dorf lebendig mit regelmäßigen Veranstaltungen: Frühlingsausstellung, Weihnachtsmarkt oder das traditionelle Kößlbachfest locken viele Besucher an. Ein altes Sägewerk, das nach Voranmeldung besichtigt werden kann, oder die Wallner-Mühle, in der noch nach alter Tradition gebacken wird, sind beliebte Ausflugsziele. Die Dorfkirche in der Mitte des Ortes aus dem Jahre 1862 wurde in liebevoller Kleinarbeit restauriert und neu gestaltet.

Das Herz Kneidings ist dennoch das urige Wirtshaus in einer ehemaligen Hammerschmiede, das von Brigitte und Franz Jodlbauer betrieben wird. Wer ein paar Tage länger am rauschenden Kößlbach bleiben will, kann sich in einer ihrer Ferienwohnungen einmieten, gleich gegenüber der Wirtschaft. Spektakulär ist die alte Kegelbahn des Traditionshauses, die über das wilde Wasser des Kößlbachs gebaut wurde.

Ob es am Bier liegt oder am allgegenwärtigen alten Handwerk? In Kneiding lässt sich leicht die Zeit vergessen. Übrigens: Hausgemachte Blut- und Leberwurst bietet der *Wirt z'Kneiding* am letzten Wochenende im März. Wunderbare Mehlspeisen das ganze Jahr über.

Ein Ausflug nach Kneiding lässt sich gut mit einem Besuch des Alfred-Kubin-Hauses in Zwickledt verbinden.

Mariensäule
Wernsteiner
Bezirksstraße 1
A-4783 Wernstein am Inn

**Verein Alfred-
Kubin-Galerie**
Innstraße 22
A-4783 Wernstein am Inn
+43 (0)676 7926270

38 Zauberhaftes Innufer
Ortserkundung rund um die Mariensäule

Wenn man im alten Schifferort Wernstein am Inn steht, weiß man manchmal nicht, wo man zuerst hinschauen soll. Der Blick auf die imposante Neuburg gegenüber begeistert, der romantische Mariensteg, der das österreichische mit dem deutschen Ufer verbindet, möchte genauer betrachtet werden ebenso wie die beeindruckende 17 Meter hohe Mariensäule, die vor der Burg Wernstein steht.

Während die Feste um 1200 erbaut wurde, geht die Marienstatue auf das Jahr 1646 zurück. Geschaffen vom Steinmetzmeister und Bildhauer Johann Jakob Pock, stand sie ursprünglich in Wien gegenüber der Jesuitenkirche. 1667 wurde sie jedoch von Kaiser Leopold I. nach Wernstein umgesiedelt, wo sie seitdem am Innufer ihren Platz gefunden hat. Für die österreichische Hauptstadt wurde übrigens im Gegenzug eine Kopie aus Bronze angefertigt.

Mitten im reizvollen Landschaftsschutzgebiet der Vornbacher Enge gelegen, bietet sich Wernstein am Inn als Ausflugsort von Passau aus an. Eine Radstrecke und mehrere Wanderrouten durch malerische Natur führt in den Ort. Lokale und Mostgärten ziehen vor allem im Sommer die Besucher an, die die mystische und wildromantische Atmosphäre des Inntals und des Neuburger Waldes genießen. Ein faszinierendes Erlebnis ist es zu beobachten, wie der Nebel frühmorgens oder abends vom Fluss aufsteigt. Anziehungspunkte bilden zudem die Nepomuk-Statue, die auf dem Johannesfelsen steht, und das Schifferkreuz, das zum Gedenken an die auf dem Fluss Verunglückten am Ufer aufgestellt wurde.

Die Hängeseilbrücke, die das österreichische Wernstein für Fußgänger und Radfahrer mit Bayern verbindet, symbolisiert die gute Beziehung zwischen den Ländern und wurde schon mehrfach mit Preisen ausgezeichnet. Einmal im Jahr wird der Zusammenhalt von »drent und herent« bei einem großen Brückenfest gefeiert. Grenzüberschreitende Kultur- und Sportveranstaltungen stärken zudem die Verbindung.

Die Alfred-Kubin-Galerie in Wernstein zeigt Bilder des berühmten Grafikers und Schriftstellers, der in der Ortschaft lebte.

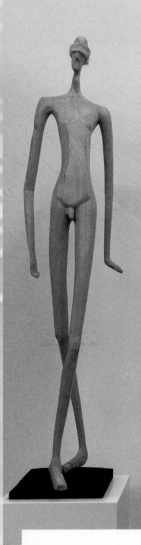

Holzskulpturen in der
**Landkreisgalerie Passau
im Schloss Neuburg**
Am Burgberg 5
D-94127 Neuburg am Inn
+49 (0)851 397621

Kaltschmidts Bio Hütt'n
Kaltschmidtgasse 10
D-94127 Neuburg am Inn

39 Neue Kunst in alten Gemäuern

Landkreisgalerie Passau im Schloss Neuburg

Diese besondere Galerie liegt hoch über dem Inn und ist in mehrfacher Hinsicht einen Besuch wert: Denn nicht nur die wechselnden Ausstellungen von spannenden Neuentdeckungen sowie Schauen renommierter Künstler aus der Region und darüber hinaus sind gute Gründe, die Landkreisgalerie im Neuburger Schloss zu erkunden. Allein die faszinierende Umgebung der Kunstgalerie macht den Ausflug zu einem echten Erlebnis. Bereits vor den Toren des Schlosses, lässt sich ein prachtvoller Barockgarten bewundern. Dieser »Paradiesgarten« samt opulenter Bepflanzung und eindrucksvoller Muschelgrotte führt Besucher in vergangene Zeiten. Vor allem im Frühjahr ist das üppige Farbenspiel ein Genuss!

Schloss Neuburg, das seinen Ursprung im 11. Jahrhundert hat, besticht durch seine reizvolle Hanglage und thront hoch über dem Tal des Inns, der hier in tiefgrüner Farbe und aus den Alpen kommend durch die bewaldete Enge fließt. Macht man sich ins Innere der Burganlage auf, gelangt man direkt zur Landkreisgalerie, die in regelmäßigem Turnus frische und spannende Kunst in allen Facetten präsentiert. Ob junge angehende Holzbildhauer oder arrivierte »alte Meister«: Mit viel Hingabe und Mut setzt das Kulturreferat des Landkreises Passau in seinen Ausstellungskonzepten immer wieder Impulse und gewinnt stetig neue, kunstinteressierte Besucher. Im intimen Rahmen der Galerie lassen sich leicht Kontakte zu den ausstellenden Künstlern knüpfen, wenn sie ihre Werke selbst erklären. Auf diese Weise lernt man die Region aus einem ganz besonderen Blickwinkel kennen. Wer mehr über die Geschichte von Schloss Neuburg erfahren möchte, dem sei die Dauerausstellung »Schloss Neuburg und seine Geschichte & Wandbildreste von Wolf Huber« empfohlen.

Regionale Kost gibt es in Kaltschmidts Bio Hütt'n, die rund um die Uhr geöffnet ist und zahlreiche Produkte aus eigener Herstellung verkauft. Von Milch über Mehl bis Marmelade lassen sich auch Geschenkkörbe zusammenstellen.

Schloss Neuburg am Inn
Am Burgberg 5
D-94127 Neuburg am Inn

Gemeinde
Neuburg am Inn
Raiffeisenstraße 6
D-94127 Neuburg am Inn
+49 (0)8502 90080

40 Zu Besuch im Märchenschloss
Schloss Neuburg mit Rundweg

Das Schloss Neuburg am Inn oder die Neuburg, wie man im Passauer Land kurzerhand sagt, gehört sicherlich zu den interessantesten und größten Burgen am Inn. Durch die erhabene Lage über dem Fluss öffnet sich eine beeindruckende Aussicht ins Inntal und auf die Gemeinde Wernstein, die auf der gegenüberliegenden österreichischen Flussseite liegt.

Betritt man die Festungsanlage durch das Außentor, gelangt man in kleine, teilweise verwinkelte Innenhöfe. Sogleich fühlt man sich ins Mittelalter zurückversetzt. Um 1050 errichtet, verdankt die Neuburg ihr jetziges Erscheinungsbild dem Wiederaufbau nach der Zerstörung im Jahre 1310. Nachdem 1810 ein Brand erneut erhebliche Schäden angerichtet hatte, wurde der Gebäudekomplex in der Folge als Brauerei und Mälzerei genutzt. Aufwendig instand gesetzt beheimatet die Festung heute eine Kunstgalerie und den Landkreissaal sowie weitere prächtige Säle, die gerne für Hochzeiten genutzt werden. Auch die Universität Passau hält Räume im Schloss.

Um die Burganlage führt ein wildromantischer Rundweg durch den Wald. Käuzchenrufe wechseln sich ab mit den markanten Lauten der Turmfalken, die in den ehrwürdigen Bauten nisten. Der Zauber der Vegetation zieht einen unmerklich in den Bann. Zudem kommt man an einem keltischen Kultplatz aus vorchristlicher Zeit und dem alten Treidelweg der Innschifffahrt vorbei. Dabei lassen sich immer wieder wunderbare Ausblicke auf Inn und Wernstein genießen. Besonders abends lohnt es sich, einen der vielen Aussichtspunkte rund um die Burg aufzusuchen. Denn dann ist der Mariensteg, der als Fußgänger- und Radweg von Bayern nach Österreich dient, in Regenbogenfarben erleuchtet. Wer eine längere Runde durch den Wald gehen möchte, wählt den 3,5 Kilometer langen Künstlersteig, der bei der Neuburg beginnt und einigermaßen gute Kondition und passendes Schuhwerk erfordert.

Auf einem Spazierweg gelangt man von der Burg direkt hinunter ans reizvolle Innufer und über den Mariensteg auf die österreichische Seite.

Dorfbäckerei Donaubauer
Kellerfeldstraße 2
D-94152 Neuhaus/Vornbach am Inn
+49 (0)8503 1659

Pfarrkirche Mariä Himmelfahrt
Maria am Sand
D-94152 Neuhaus/Vornbach am Inn

41 Liebe zum Detail
Dorfbäckerei Donaubauer in Vornbach

Wenn am Wochenende zur besten Frühstückszeit die Leute geduldig Schlange bis auf die Straße stehen, herrscht Hochbetrieb im kleinen Dörfchen Vornbach am Inn. Reich belohnt wird der Wartende mit knusprigen Semmeln, Brezen und anderem verlockendem Gebäck.

Donaubauer, Bäckerei-Traditionsbetrieb seit 1935, lässt sich immer wieder etwas Neues einfallen: ob Buchweizen-Dinkel-Brot, Kartoffel-Sonnenblumen-Semmerl, Pfennigmuckn oder Müslileckerl. Im harmonisch eingerichteten Laden können die Gäste darüber hinaus Marmeladen, Honig und Teigwaren aus der Region einkaufen. Mit etwas Glück lässt sich einer der urigen Tische im Gastgarten ergattern, umsäumt von Rosen und von Platanen beschattet, oder ein Platz in der gemütlichen Stube.

»Bairisch hätt' mas gern« oder »Fit meng mas heit« heißen die Frühstücksangebote, die mit Kaffee und frischem Gebäck aus der Backstube oder auch mit einem kühlen Weißbier serviert werden. Juniorchefin Verena Kölbl, die mit ihrer Familie den Betrieb tagtäglich am Laufen hält und dabei oft eines ihrer Kinder in einem Arm und ein Tablett in der anderen Hand balanciert, schenkt jedem Gast ein Lächeln. Sie weiß, was ihre Kunden an ihrer Bäckerei schätzen: »Bei uns treffen sich die Leute, wir sind mitten im Dorfleben und halten es lebendig.«

Von ihrer Mama Elisabeth hat die gelernte Hotelfachfrau das Dekorieren gelernt. Ob einer der selbst hergestellten Säfte für die Schorlen oder ein Stück Kuchen auf den Tisch kommt, immer erfreut sich das Auge über die passende Zierde: ein frisches Minzblatt und Beeren, die im Glas perlen, oder ein Hauch Puderzucker, der über Apfel- und Orangenspalten auf dem Kuchenteller gestäubt wurde. »Ja, auf die Liebe zum Detail kommt es an«, sagt Verena Kölbl, »dann stimmt auch das große Ganze«.

Ein Spaziergang durch das malerische Dorf ist ein Muss: Direkt am Innufer lohnt ein Besuch der Klosterkirche Mariä Himmelfahrt mit der Egedacher Orgel aus dem Jahr 1732.

42 Einkehr am Dorfplatz
Landgasthof Resch in Vornbach

Es gibt nur noch wenige dieser wirklich gemütlichen Dorfwirtshäuser, und der Landgasthof Resch ist eines der letzten dieser aussterbenden Art. Die Gastwirtschaft in Vornbach am Inn ist seit vielen Generationen ein Familienbetrieb.

Die einstige *Klostertaverne* gehörte ursprünglich zum Benediktinerstift, in dem noch bis in die 1930er-Jahre Bier der Schlossbrauerei ausgeschenkt wurde. Das um 1650 erbaute Gebäude am Dorfplatz bietet durch sein prächtiges Gewölbe ein stilvolles historisches Ambiente. In dem idyllischen Biergarten treffen sich im Sommer Einheimische, Radler und Urlauber unter Kastanienbäumen »auf eine Halbe«.

Der Chef Wolfgang Resch steht höchstpersönlich in der Küche und bestimmt den Kurs des Gasthauses. Fleischgerichte aller Art kommen auf den Teller, an Sonn- oder Feiertagen oder je nach Saison werden den Gästen auch Rinderbraten, Lamm, Thaicurrys und Zweierlei von Ente und Gans serviert. Auf der Karte ganz oben steht natürlich das hochgelobte Schnitzel, das so gut schmeckt, weil es noch in der Pfanne herausgebacken wird. Vegetarier dürfen aus einem Angebot von Sellerieschnitzel, reichhaltigen Salaten und gebackenem Feta-Käse wählen. Besonders zu empfehlen ist der hausgemachte Apfelstrudel.

Im und rund um den Resch-Gasthof lässt sich noch das beschauliche Dorfleben beobachten: Der Stammtisch tagt, die Vereine versammeln sich und beim Kartenspiel wird deftig geflucht. Der Kirchenchor probt für die nächste Messe, im Winter werden die Christbäume versteigert. Im schönen Saal des Hauses finden immer wieder Veranstaltungen mit Kleinkunst und Kabarett statt. Im Gastzimmer läuft kein störendes Gedudel im Hintergrund, dafür gibt es einmal im Jahr richtig laut Musik: beim *Rosa Laub Festival*, das die Wirtstochter auf dem Gelände des Landgasthofs veranstaltet.

Nach dem Mahl bietet sich ein Spaziergang durch die Innauen an: einfach den Radweg entlang Richtung Schärding laufen und nach dem Sportplatz links abbiegen.

Dschungelcamp
Neuhaus e.V.
Sulzbacher Straße 1
D-94152 Neuhaus am Inn
+49 (0)8503 8010

43 Servus, Klein-Kanada!
Dschungelcamp

Wolfgang Eder hat den schönsten Arbeitsplatz der Welt. Und der liegt in Neuhaus am Inn, direkt gegenüber der oberösterreichischen Stadt Schärding, wo die Rott auf der bayerischen Seite nach 111 Kilometer in den grünen Fluss mündet. »Klein-Kanada« wird das Gebiet gerne genannt, und jeden, der den Weg dorthin findet, erwarten eine Menge Abenteuer in und am Wasser.

Mitten in ursprünglicher Wildnis betreibt Wolfgang Eder das Dschungel- und Bogencamp seit 1985. Die Ufer von Rott und Inn bieten den perfekten Einstieg für viele Sommeraktivitäten, unter anderem für Schnupperkurse für Kanutouren, Schlauchbootfahrten und traditionelles Bogenschießen.

Kajak, Kanadier, Kanu? Nach der kurzen Schulung kennt man endlich die Unterschiede der Wassergefährte und kann die richtige Auswahl für sich treffen. Erlernt werden nicht nur Techniken für effizientes Paddeln. »Nach dem Kurs kann man sauber geradeaus fahren, das Boot richtig kanten und steuern«, sagt Wolfgang Eder, der auch die Touren mit seinem Team betreut. Die Dschungelkanufahrt geht den Inn hinunter bis Passau, andere Bootsstrecken führen die Rott entlang. »Allesamt sanfte Gewässer und für Anfänger gut geeignet.«

Wer hingegen einmal den Umgang mit Pfeil und Bogen kennenlernen möchte, ist im wildromantischen Bogencamp richtig. Viel Platz und fachkundige Anleitung stellen die idealen Rahmenbedingungen für den traditionellen Schießsport. Winnetou lässt grüßen beim *Indianertag*, den man ab sechs Teilnehmern buchen kann. Bei diesem Abenteuer lernt man zudem allerlei Koordinationsfertigkeiten beim Paddeln. Nach einer mehrstündigen Kanutour setzt man sich wie im Wilden Westen im Camp gemütlich zum abschließenden Grillen ans Lagerfeuer. Schöner kann ein Indianertag nicht enden.

Auch für Schneeschuhtouren im Bayerischen Wald gibt es im Dschungelcamp erfahrene Guides.

**Radrundweg Neuhaus
am Inn–Schärding**
Start- und Endpunkt:
Alte Innbrücke
D-94152 Neuhaus am Inn

44 Eine Runde Bayern–Österreich!
Radrundweg am Inn

Auf dem Radweg entlang der Orte Neuhaus, Vornbach, Wernstein und Schärding darf man mitunter ordentlich strampeln. Doch zum Glück verläuft die idyllische Strecke am Inn die meiste Zeit gemächlich und verfügt über zahlreiche Stationen zum Rasten und Stärken.

Kommt man mit dem Auto, stellt man dieses am besten in Neuhaus am Inn ab, wo der gut beschilderte Rundweg beginnt und endet. Kostenlose Parkplätze stehen an der Alten Innbrücke zur Verfügung.

Natürlich lässt sich der etwa einstündige Weg in beide Richtungen radeln. Fährt man zunächst nach Vornbach, bietet sich dort ein erster Boxenstopp in der Dorfbäckerei Donaubauer oder im Gasthaus Resch an, die direkt am Radweg liegen. Im Ort lohnt ein Abstecher zur Klosterkirche Maria Himmelfahrt. Weiter führt die Strecke zum Teil stark abschüssig durch den Neuburger Wald, vorbei an imposanten Felsformationen und dem faszinierend grünen Innwasser, das zwischen den Bäumen hindurchschimmert. Nachdem man den Klettersteig passiert hat, an dem an manchen Tagen viel Betrieb herrscht, gelangt man an den Mariensteg und über diesen von der bayerischen auf die österreichische Seite direkt ins Örtchen Wernstein. Das *Mosthäusl*, Gasthaus *s'gelbe Eck* und der Landgasthof *Zur Mariensäule* bieten am Innufer reichlich Platz für durstige und hungrige Passanten. Biegt man an der Brücke übrigens nicht gleich Richtung Österreich, sondern fährt noch ein Stück auf deutscher Seite in Richtung Passau, erreicht man eine schöne Waldschenke, die auch bei Radlern sehr beliebt ist.

Ab Wernstein setzt sich der Radweg mit leichten Steigungen in Richtung Schärding fort. Auf halber Strecke eröffnet sich ein wunderbarer Blick auf das Kloster Vornbach. In der Barockstadt Schärding angekommen, lockt das Innufer mit vielen Einkehrmöglichkeiten und einer malerischen Aussicht zur Rast, bevor der Rückweg angetreten wird.

Besonders sehenswert an der ohnehin stimmungsvollen Promenade in Schärding ist das Wassertor. Viele Lokale grenzen an.

**Fahrt mit der
Prunkplätte Neuhaus**
(April–Oktober)
Anlegestelle der Innschiff
GmbH: Innlände 10
D-94152 Neuhaus am Inn
+49 (0)170 5308777

Restaurant Wassertor
Burggraben 2/4
A-4780 Schärding
+43 (0)7712 40619

45 Unterwegs wie die Salzfürsten
Fahrt mit der Prunkplätte

Die Prunkplätte, die in Neuhaus am Inn ablegt, ist, wie der Name verrät, nicht irgendein beliebiges Boot. Gebaut nach dem Vorbild historischer Salzschiffe, sind Plätten traditionell kiellose, weitgehend kastenförmige, hölzerne Wasserfahrzeuge, die im Alpen-Donau-Raum für die verschiedensten Arbeiten in der Flussschifffahrt genutzt wurden.

Wertvolle Ladungen wie Salz oder Getreide wurden einst mit Plätten transportiert. Die reichen Salzhändler, die sogenannten Salzfürsten, ließen sich in gleicher Bauart prunkvolle Reiseschiffe bauen, auf denen sie von Salzburg nach Wien reisten. Diesen prächtigen Booten wurde die Neuhauser Ausflugsplätte nachempfunden. Um der historischen Vorlage so gut wie möglich zu entsprechen, wird das Schiff durch Elektromotoren angetrieben. Dadurch entsteht der Eindruck, es würde auf dem Wasser dahingleiten.

Die Fahrt beginnt an der Innlände nahe der Alten Innbrücke, die seit 700 Jahren auf einer Breite von fast 300 Metern über den grünen Fluss führt. Auf der linken Seite liegt die Insel Kreuzstein, auf der rechten Seite kann man die wunderschöne barocke Häuserzeile der Schärdinger Promenade betrachten. Auf der Strecke nach Wernstein lassen sich zahlreiche Sehenswürdigkeiten entlang des Ufers bewundern. Vorbei am Kloster Vornbach und dem Teufelsfelsen fährt die Plätte durch die Vornbacher Enge, einem fast mystisch schönen Flussabschnitt durch bewaldete Innhänge. Am bayerischen Ufer lässt sich hoch oben Schloss Neuburg ausmachen, während gleichzeitig vis-à-vis Burg Wernstein auftaucht.

Entspannter als auf dem historischen Schiff lässt sich der Inn wohl nur noch auf dem eigenen Boot erkunden. Mit Familientagen, Musik- oder Schlemmerfahrten bietet der Betreiber wechselnde Veranstaltungen.

Genuss am Fluss: Ein Besuch des Restaurants *Wassertor* in Schärding wird mit leckeren Speisen und einer tollen Außenterrasse belohnt.

Schänke
Zum schwarzen Schaf
Höchfelden 7
D-94152 Neuhaus am Inn
+49 (0)160 6365330

Passauer Wochenmarkt
Dienstag/Freitag:
Klostergarten
Samstag: Domplatz
D-94032 Passau

46 Tauschen, Plauschen und lachen
Schänke *Zum schwarzen Schaf*

»In Wirklichkeit ist die Realität ganz anders«, steht auf einem der Bilder, die ins Auge fallen, betritt man die Gaststube *Zum schwarzen Schaf*. Im Vorraum wurden die Gäste bereits von einer mannshohen Ritterrüstung begrüßt. Hier, in der Schänke, die zur Gemeinde Neuhaus am Inn gehört, aber einsam auf weiter Flur steht, ist alles etwas anders.

Das Angebot im *Schaf* zieht Menschen mit besonderen Interessen an. Im Frühling werden Pflanzensamen gehandelt und Kräuter auf Wiesen erkundet, auf Vorbestellung kann man ein Rittermahl erleben, Kleider-Tausch-Nachmittage und Krimi- oder Steampunk-Dinner in fantasievoller viktorianischer Kostümierung werden veranstaltet. Großer Beliebtheit erfreut sich das Frühstücksbuffet, das am letzten Sonntag im Monat mit selbstgemachten Köstlichkeiten aufwartet. Die Bezugsquellen sind regional und teilweise eigener Anbau. Ebenso sorgsam ausgesucht sind Ferienprogramme, Kutschfahrten, Selbstversorgerstammtische und Spinn- und Webseminare. Auch Seppl, Kasperl und die Hexe sind häufige Gäste, nämlich dann, wenn das *Königliche Hoftheater Lumumba* in der Schänke gastiert und Puppentheater gezeigt wird.

Das Konzept stammt von Sandra Habermann und ihrer Familie. Sie hält den Betrieb in Bewegung und lässt Fremdeinflüsse zu, die zu diesem außergewöhnlichen Ort passen. Fest steht allerdings: Nur ein selbstgemachter Strudel kommt auf den Tisch und am liebsten kümmert sie sich persönlich um die Gäste. Wichtig ist ihr, dass sich Kinder wohlfühlen und Erwachsene ihre Entdeckungsfreude zurückgewinnen. Darum bietet sie vielfältige Möglichkeiten zum Tauschen, Plauschen und Lachen.

In allen Ecken wird der Gast darauf hingewiesen, dass das Leben auch Spaß machen darf. »Willkommen auf dem Ponyhof. Hier endet die Realität«, lässt sich draußen an der Stalltür lesen, vor der die kleinen Pferde grasen.

Sandra Habermann öffnet ihre Schänke bei Reservierung. Ihre Backwaren verkauft sie aber auch auf dem Passauer Wochenmarkt.

Blumen Peschl GmbH
Wagnerstraße 22
D-94152 Neuhaus am Inn
+49 (0)8503 900881

Orangerie Schärding
Im Eichbüchl 7
A-4780 Schärding
+43 (0)7712 90180

47 Viel mehr als Blumen
Erlebnis- und Erholungsgärtnerei Peschl

Hinter manchen Geschäften stehen außergewöhnliche Menschen und Philosophien. Das trifft auch auf *Blumen Peschl* am Flussufer in Neuhaus am Inn zu. Die traditionsreiche Gärtnerei hat sich im Lauf der Jahrzehnte und unter der Leitung von Renate Peschl-Brummer zu einem Erlebnis- und Erholungsgarten entwickelt.

»Wohnliches & Blütenfeines« haben sich die Peschls zum Motto gemacht, und so kann man auf dem weitläufigen Areal, das sich über 2.000 Quadratmeter erstreckt, vielfältige Floristik sowie Einrichtungs- und Dekorationsartikel erwerben. Da kann es passieren, dass man beim Stöbern zwischen lauter schönen Dingen vergisst, dass man sich in einer Gärtnerei befindet. Daran erinnert wird man in den großen angrenzenden Gewächshäusern und im eigens angelegten Schaugarten. Zahlreiche Pflanzideen, fundiertes Fachwissen, Pflegehinweise und ausgiebige Beratung inspirieren die Besucher bei ihrem Rundgang. Angeboten werden saisonale Blumen, exotische Exemplare und Neuheiten. Rosenliebhaber können sich über ein ausgesuchtes Sortiment freuen, da Renate Peschl-Brummer ihre Züchtungen aus England bezieht. Für die Chefin ist Qualität und Rarität wichtig. Ob Wohnideen, Blumen oder Beet – Klasse statt Masse, und das auf großer Fläche, machen den Besuch in dieser Gärtnerei zu einem besonderen Erlebnis.

Bei gutem Wetter kann man auf der Terrasse mit Blick auf die Barockstadt Schärding und den Inn Platz nehmen. Dort werden neben Café und Kuchen saisonal wechselnd Brotzeiten, Flammkuchen und Suppen serviert. Im Garten laden Entspannungsliegen zu einer Verschnaufpause ein, Kinder dürfen auf dem Gelände frei spielen und auch Hunde sind willkommen.

Nach einem kurzen Fußmarsch über die Innbrücke lässt sich auf der gegenüberliegenden Uferseite die Barockstadt Schärding erkunden. Gemütlich sitzen kann man in der *Orangerie* im Park.

Oberer Stadtplatz
und Schlosspark
A-4780 Schärding

Hotel Gugerbauer
Kurhausstraße 4
A-4780 Schärding
+43 (0)7712 31910

48 Silberzeile und grüne Oase
Stadtplatz und Schlosspark

Für seine Silberzeile, wie sich die bunte Häuserreihe am Stadtplatz nennt, ist das oberösterreichische Schärding bekannt. Da der pittoreske Barockort in nur 20 Minuten von Passau erreichbar ist, unternehmen viele gerne einen Ausflug dahin. Direkt am Inn gelegen, bieten sich vielfältige Freizeitaktivitäten: hübsche Spaziergänge am Wasser, rundherum Einkaufsmöglichkeiten, kulturelle Veranstaltungen und Schiffstouren auf dem grünen Fluss.

Auf dem Stadtplatz reihen sich im Sommer Cafétisch an Cafétisch, Plätschern dringt vom imposanten Christophorusbrunnen herüber. Das große Becken symbolisiert den Wasserreichtum Schärdings, die Schifffahrt, den elektrischen Strom der Innkraftwerke, aber auch die Überschwemmungsgefahr, der die Stadt immer wieder ausgesetzt ist.

Wer Abstand vom Trubel sucht, zieht sich in den etwas versteckt gelegenen Schlosspark zurück. Man erreicht ihn entweder über mehrere Steintreppen und -terrassen vom Innufer aus oder über den Hauptplatz durch das Schlosstor. Durch ihre Lage hoch über dem Inn öffnet sich in der grünen Oase ein wunderbarer Ausblick hinüber auf die bayerische Flussseite. An der Stelle des jetzigen Aussichtspavillons stand früher der »Pallas«, das repräsentative Wohngebäude der Burg. Die Parkanlage wurde auf dem ehemaligen Burghof errichtet und versprüht mit seinen Pavillons und Steinskulpturen einen altertümlichen Charme.

Mit Sitzgelegenheiten und Liegen im Schatten, einem kleinen Spielplatz und Audiostationen, die Geschichte vermitteln, bietet sich der Schlosspark für eine Auszeit mit der ganzen Familie an. Mit seinem alten Baumbestand und hübscher Bepflanzung eignet er sich als Rückzugsort, in dem man zur Ruhe kommt. Im Zentrum der Anlage steht der uralte, 26 Meter tiefe Schlossbrunnen, der 2003 wiederentdeckt und rekonstruiert wurde und seitdem zum unvergleichlichen Flair des Parks beiträgt.

Genießen Sie nach dem Spaziergang durch den Park auf der Terrasse des Hotels Gugerbauer weiterhin den Innblick.

Erni kocht
Brunnwiesstraße 1
A-4786 Brunnenthal
+43 (0)7712 4036

Antiquitäten
Reich mit Galerie
Oberer Stadtplatz 44
A-4780 Schärding
+43 (0)7712 2173

49 Essen mit Liebe
Lokal *Erni kocht*

Etwas versteckt liegt das Lokal *Erni kocht* in der Gemeinde Brunnenthal direkt an der Stadtgrenze Schärdings. Aber wer es einmal entdeckt hat, kommt nicht mehr davon los. Das Restaurant hat sich von einem beliebten Traditionswirtshaus, das stets gut besucht war, konzeptionell erneuert und der Regionalität und Nachhaltigkeit verschrieben. Die Schwestern Erni und Angelika Haas haben sich damit vom klassischen Wirtshausbetrieb, den ihre Eltern führten, verabschiedet. Sie kochen mit und aus Liebe, dabei stimmen die Balance, die Energie und der Geist. Sie wählen die besten regionalen Produkte und verarbeiten sie schonend und bedacht. Erni steht hinter dem Herd und Angelika serviert.

Nicht mehr getrieben von vielen Gästen, die gleichzeitig bedient werden wollen, besteht auch mal die Gelegenheit für einen Ratsch. Das Mittagessen bietet eine Verschnaufpause und darüber hinaus ganzheitlichen Genuss. Die Besucher können eine Auszeit nehmen, regionale Lebensmittel einkaufen und sogar Gekochtes mitnehmen. Ja, bei Erni wird wirklich noch gekocht. Die Schwestern setzen immer nur ein paar Gerichte auf der Tageskarte, und diese sind ohne Ausnahme frisch. Manchmal stehen der saisonale Monatsteller, je nach Jahreszeit auch Bärlauch-, Schwammerl-, Wild- oder Kürbisgerichte auf dem Plan.

Alle Speisen bei Erni verfügen über einen Pfiff, sei es aufgrund der Zusammensetzung oder spezieller Gewürzzutaten. Kräuter und frisch gepflückte Blumen gehören im Sommer auf den Salat; ob bei Lammbeuschl mit Curry, Eierschwammerlrisotto oder Seesaibling – stets achten die Haas-Schwestern auf Qualität. Woher das Mehl für die Nudeln kommt, die Eier für den Palatschinken und die Gans für den Braten – die Herkunft der Zutaten lässt sich nachlesen oder wird auf Anfrage verraten.

Da *Erni kocht* bereits viele Gäste überzeugt hat, ist eine Reservierung ratsam. Kindern räumen Erni und Angelika viel Platz ein: Ein umfangreiches Spielsachensortiment und eine große Spielecke garantieren sorglosen Genuss. Willkommen bei Erni und Angelika!

Von Brunnenthal gelangt man in nur wenigen Minuten ins Stadtzentrum Schärdings, wo die Galerie *Reich* einen unbedingten Besuch wert ist.

Bilger-Breustedt-Haus
(April–Oktober oder
nach Vereinbarung)
Leoprechting 10
A-4775 Taufkirchen
an der Pram
+43 (0)7719 8442

Gemeinde Diersbach
Am Berg 5
A-4776 Diersbach
+43 (0)7719 7205

50 Künstlerhaus im Innviertel
Bilger-Breustedt-Haus

Auf den Spuren zweier außergewöhnlicher Künstlerpersönlichkeiten lässt sich im oberösterreichischen Taufkirchen an der Pram wandeln, etwa 30 Minuten von Passau entfernt. Ein 1864 errichtetes Gebäude aus Holz mit gemauertem Anbau aus der Jahrhundertwende diente dem Paar Margret Bilger (1904–1971) und Hans Joachim Breustedt (1901–1984) als Lebens- und kreative Wirkungsstätte. Es wurde vom 1998 gegründeten *Verein Bilger-Haus* renoviert und in seinem originalen Zustand instand gesetzt.

Zunächst wurde Margret Bilger mit ihren Holzrissen einer breiten Öffentlichkeit bekannt. Ihre Schöpfungen gelten als Variante des expressionistischen Holzschnitts. Die gebürtige Grazerin hinterließ als eine der wenigen Frauen ihrer Zeit ein einzigartiges druckgrafisches Werk. Ab 1950 wandte sie sich der Glasmalerei zu, die sie in Kirchen in Österreich, in den USA und Deutschland verwirklichte. Bis in die 1960er-Jahre schmückte sie rund 100 Fenster mit traditioneller christlicher Ikonografie, der sie eine äußerst persönliche und weibliche Note verlieh. 1953 heiratete Margret Bilger den Bauhaus-Maler Hans Joachim Breustedt aus Thüringen.

Im Rahmen persönlicher Führung kann die schöpferische Atmosphäre im Bilger-Breustedt-Haus nachempfunden werden. Besonders faszinierend ist die Besichtigung der Arbeitsräume beider Künstler mit Werkzeugen und Materialien. Zum Beispiel kann man die originale Farbpalette von Hans-Joachim Breustedt in die Hand nehmen. Und die ist ganz schön schwer! Die Dokumentation umfasst ebenfalls Kunstwerke weiterer Mitglieder der Bilger-Familie. Zudem finden wechselnde Ausstellungen regionaler Künstler statt.

Zur Einkehr nach dem Museumsbesuch empfehlen sich zwei Gastwirtschaften im nahe gelegenen Diersbach: der *Kirchenwirt* Am Berg 8 und ein paar Häuser weiter, in der Nummer 10, der *Bergwirt*.

Badesee Hartkirchen
Untere Inntalstraße 52
D-94060 Pocking

Gasthaus Hölzlwimmer
Kleeberg 6
D-94099 Ruhstorf
an der Rott
+49 (0)8534 336

51 Schön unaufgeregt
Badesee Hartkirchen

Das Schöne am Hartkirchener See ist, dass er weitestgehend naturbelassen geblieben ist. Es wurden keine Rutschen installiert; neben einem Kiosk-Café mit Terrasse, einem Beachvolleyballplatz und ein paar Spielgeräten für Kinder finden sich keine weiteren Animationen. Das sorgt für Ruhe und macht den See zu einer Ausflugsdestination für Menschen, die schlichtweg schwimmen wollen.

Der Baggersee ist von Passau über die Autobahn A 3 in 30 Minuten zu erreichen. Die Gemeinden Schärding und Pocking liegen nur wenige Minuten entfernt, weshalb der Hartkirchener Weiher, wie die meisten das Strandbad nennen, Einheimischen als Naherholungsziel dient. Dem Badevergnügen tut die gute Anbindung keinen Abbruch. Der Geräuschpegel hält sich im Vergleich zu Freibädern in Grenzen, und gerade in den Hitzemonaten kann man in Ruhe entspannen.

Für viele ist der Hartkirchener See gar ein Lieblingsplatz, weil er mit 17 Hektar Gesamt- und 8.000 Quadratmeter Liegefläche ausreichend Platz bietet. Letztere ist jedoch zum größten Teil abschüssig, und auch das Ufer ist nicht flach, sodass insbesondere auf kleine Kinder gut achtgegeben werden sollte. Im Wasser liegen zwei große Inseln, und da auch gesurft werden darf, wurde ein Bereich extra für Schwimmer geschaffen.

Vom Badestrand aus unübersehbar ist die große Maistrocknungsanlage in Reding. Maisfelder prägen die umliegende Landschaft. Wer im Hartkirchener Weiher angeln möchte, sollte die Badesaison meiden. Das Gewässer enthält Fischarten wie Karpfen, Rotauge und Schleie und wird vom Verein *Fischer- und Naturfreunden Unteres Rottal e. V.* bewirtschaftet, der ebenfalls Karten für Gastangler vergibt.

Eine Stärkung nach dem Baden garantiert das Gasthaus *Hölzlwimmer* im nahe gelegenen Ruhstorf, in dem echt bayerisch gekocht wird.

Therme Eins
Kurallee 1
D-94072 Bad Füssing
+49 (0)8531 94460

**Wohlfühl-Therme
Bad Griesbach**
Thermalbadstraße 4
D-94086 Bad Griesbach
+49 (0)8532 96150

52 Saunen im Vierseithof
Therme Eins

Die Kurorte Bad Füssing, Bad Griesbach und Bad Birnbach bilden mit fünf Badeanlagen das größte Thermalbäderdreieck Europas. Auf verschiedenste Arten lässt sich die heilende Kraft des Quellwassers erleben: Allein 13 abwechslungsreich gestaltete Becken gehören zur *Therme Eins* in Bad Füssing, der ältesten Thermaleinrichtung der Gemeinde mit einer großen Geschichte.

An diesem Ort sprudelte 1938 zum ersten Mal das legendäre Bad Füssinger Thermalwasser aus 1.000 Metern Tiefe. Seit über 70 Jahren nutzt man die wundersamen Quellen mit dem heilenden 56 Grad Celsius heißen Schwefelwasser. Das lindert nicht nur physische Beschwerden, sondern beugt zudem Krankheiten vor, und man fühlt sich nach einem Tag in der Therme wie neugeboren. Das Heilwasser kurbelt den Stoffwechsel an und unterstützt die Entschlackung des Körpers. Ganz nebenbei entspannen sich die Muskeln, die Durchblutung wird gefördert und Stress baut sich ab.

Die Vielseitigkeit der Anlage in Bad Füssing reicht vom Rundbecken mit dem berühmten Schwammerl-Springbrunnen, Sprudelpools und einer Massagestraße über ein Grottenbad mit Kaskaden bis hin zum Schwimmer- und Trapezbecken mit stündlicher Wassergymnastik für Jedermann.

Zur *Therme Eins* gehört zudem der Saunahof im außergewöhnlichen Ambiente eines Rottaler Vierseithofs, einem historischen Gehöft. Der Gast kann wählen zwischen Kartoffel-, Jaga- und Hexensauna oder zwischen Kräuter-, Zirbelstube und Heustadel. Für kurze Wege sorgen ein weiteres großes Thermalbecken, ein Brunnen und Abkühlbecken mit Wasserfall im Wellnessbereich. Entspannen kann man im Saunagarten, im Ruheraum im urigen Holzhaus, im Meditationsraum oder im Kaminzimmer. Und hinterher geht es ins Salzkammerl, wieder ins Dampfbad oder zum nächsten Aufguss.

Wohlfühlen im Hamam: Die Bad Griesbacher Therme lockt mit einem türkischen Dampfbad.

Hausbrennerei
Zum Voglbauer
Dammweg 5
D-94072 Bad Füssing
+49 (0)8537 9199909

Wallfahrtskirche
St. Leonhard
Leonhardistraße 14
D-94072 Bad Füssing

53 Speckbirne mit Bananenaroma
Hausbrennerei *Zum Voglbauer* in Aigen

Himbeergeist, Schlehengeist, Rote-Beete-Geist, Marillenbrand, Kriecherlbrand, Zwetschgenwasser – so bunt es klingt, so vielfältig ist die Produktpalette der Hausbrennerei *Zum Voglbauer*. Nur wenige hundert Meter vom Innufer entfernt, am Ortsrand des alten Wallfahrtsortes Aigen am Inn gelegen, lädt der Hof zur Einkehr und Verkostung von Hochprozentigem.

Der Familienbetrieb hat es sich zur Aufgabe gemacht, Edelbrände, Spezialitäten und Liköre von höchster Qualität zu erzeugen. Deshalb kommen nur sonnengereifte, handverlesene und vollreife Früchte, größtenteils aus eigenem Anbau, zur Verarbeitung. Vielfach ausgezeichnet gehört der Hof zu einer der besten Edelbrennereien Bayerns.

Und das Sortiment wächst stetig an: Zu sortenreinen Apfelbränden der Arten Boskop, Gravensteiner und Goldrenette gesellen sich je nach Jahreszeit verschiedenste Liköre. Auch hausgekelterten bekömmlichen Most oder eine frische Radlerhalbe kann man unter einem schattenspendenden Kastanienbaum mit Blick auf Streuobstwiesen genießen. Dazu werden kleine hausgemachte Schmankerl serviert. Der gemütliche Mostgarten liegt direkt am Innradweg und ist ein beliebter Radlertreff. In einem Probierstüberl dürfen edle Destillate und regionale Leckerbissen in verschiedenen Variationen verkostet werden.

Wem die Auswahl schwerfällt, kann sich auf Tipps des Chefs Hubert Rothbauer verlassen, der gelernter Küchenmeister und Edelbrand-Sommelier ist. Er empfiehlt zum Beispiel gerne den Speckbirnenbrand mit feinem Bananenaroma, der schon mehrfach bei der Obstbrandprämierung mit der Goldmedaille ausgezeichnet wurde. Der Dirndllikör, ein Kornelkirschbrand, im Hofladen erhältlich, bietet sich als ausgefallenes Mitbringsel aus dem Passauer Land an.

Sehenswert ist die Wallfahrtskirche St. Leonhard in Aigen am Inn. Die Leonhardiwallfahrt in Aigen gehört zu den ältesten in ganz Bayern.

Portenkirche

Portenkirche Fürstenzell
Marienplatz
D-94081 Fürstenzell
+49 (0)8502 8020

Haindlhof
Untereichet 2
D-94081 Fürstenzell
+49 (0)8502 922247

54 Raum für Andacht
Portenkirche auf dem Klosterareal

Ins niederbayerische Hügelland inmitten des sogenannten Klosterwinkels schmiegt sich die Marktgemeinde Fürstenzell. Die mächtigen Doppeltürme der Pfarrkirche prägen das Erscheinungsbild des Hauptorts. »Dom des Rottals« wird der stattliche Sakralbau auf dem Klostergelände gerne genannt, denn er besticht neben seiner auffälligen Fassade mit einem großen Kirchenschiff. Das Gebäude versprüht noch den Geist der Zisterzienser und die barocke Pracht des Stifts, die Künstlern wie Johann Baptist Modler, Johann Jakob Zeiller und Franz Ignaz Keyl zu verdanken ist. Von der Portenkirche, direkt neben dem Eingang zum Klosterareal, ist lediglich der Altarraum mit herrlichem Kuppelfresko erhalten geblieben. Dennoch stellt sie einen außergewöhnlichen Ort mit einer bewegten Geschichte dar, die ins 13. Jahrhundert zurückreicht.

Als Teil der hochmittelalterlichen Abtei wurden in der Kapelle einst Messen für weltliche Bedienstete, Menschen der Umgebung und Frauen abgehalten, die nach Regeln der Zisterzienser die Klosterkirche nicht betreten durften. Die Säkularisation 1803 besiegelte das Schicksal des Gotteshauses, das in der Folge zunehmend zerfiel und zum Teil abgerissen wurde. Die Reste des Gebäudes zu sanieren und mit neuem Leben zu füllen bestimmte den Gründungsgedanken des Fördervereins *Forum Cella Principum*. Seit 2008 sind die Renovierungsarbeiten abgeschlossen, und ein wunderschöner Raum für Kultur, Festlichkeit und Spiritualität ist entstanden. Bei verschiedenen Ausstellungen, Konzerten und Lesungen wird die Portenkirche zum Treffpunkt von Gegenwart und Geschichte. Die elegante spätbarocke Fassade und die ebenmäßigen Proportionen machen die Kapelle zudem zu einem städtebaulichen Juwel.

Auf dem Vorplatz stehen die Sandsteinfiguren von Maria Immaculata, des heiligen Benedikts und des heiligen Bernhards. In Zusammenarbeit mit dem ehemaligen Dombaumeister von Passau, Michael Hauck, und dem akademischen Bildhauer Leopold W. Hafner wurden die Rokokobildwerke restauriert.

Decken Sie sich mit hausgemachtem Käse und Joghurt der Hofkäserei auf dem Haindlhof ein.

Hof Grillenöd
D-94542 Haarbach
+49 (0)8535 9123399

55 Raum für Kinder und Kreativität
Hof Grillenöd

Wer sich nach Grillenöd aufmacht, begibt sich auf eine Reise in eine eigene kleine Welt. Die Sandstraße scheint ins Nirgendwo zu führen. Doch dann, hinter einer Kurve, öffnet sich der Blick auf eine Allee und auf den Hof. Mona Zimens Landsitz ist ein Ort der Stille und Abgeschiedenheit, der Ruhesuchende und Naturliebhaber anzieht. Für die Besitzerin ist das Anwesen, auf dem sie als Bildhauerin lebt und arbeitet, darüber hinaus eine Stätte der Begegnung und des kulturellen Austauschs. Auf dem Areal realisieren Künstler aus mehreren europäischen Ländern Projekte in Ateliers und Werkstätten.

Seit 25 Jahren füllt Mona Zimen den im skandinavischen Stil gebauten Hof mit kreativem Leben. Dabei liegt ihr die Balance zwischen Natur, Mensch und Kultur am Herzen. Grillenöd, mit Aussicht über das niederbayerische Hügelland, liegt einsam und ist dennoch einladend, was sich schon an der offenen Gartentür erkennen lässt. Die beiden geschmackvoll eingerichteten Gästewohnungen befinden sich in einem der prachtvollen Holzhäuser, die das Anwesen einrahmen.

Der schöpferische Erfahrungsaustausch bildet einen Schwerpunkt auf Grillenöd. Auch die Kleinen dürfen sich ausprobieren. Während des Kindercamps im Sommer bringt ihnen Mona Zimen Kunst und Handwerk spielerisch näher. Und sie können im Heu schlafen, auf dem Esel reiten oder Gänseküken eine Badepfütze bauen. Eine Biolandwirtschaft gehört ebenfalls zum Betrieb: Galloway-Rinder teilen sich mit Pferden, Schafen und Esel Weide und Stall. Mona Zimen achtet auf Stimmigkeit und richtiges Maß, deshalb sorgt sie ebenso für Stille und Raum für ein ausgeglichenes Miteinander. Oft sitzen die Gäste an ihrem Küchentisch und tauschen sich aus. Grillenöd erinnert daran, wie harmonisch alles sein könnte. Für Mona Zimen eine Grundvoraussetzung. »Eigentlich ist hier alles ganz normal!«

Ausflugstipp: die Wiesen rund um den Hof mit einer Vielfalt an Pflanzenarten; einige stehen unter Naturschutz. Einkaufstipp: Biorindfleisch vom Hof. Geheimtipp: die hofeigene Künstlerkapelle. Buchtipp: *Mein kleiner Esel Elia* von Mona und Erik Zimen.

Schloss Ortenburg
(April–Oktober)
Vorderschloß 1
D-94496 Ortenburg
+49 (0)8542 1640

**Wildpark Schloss
Ortenburg**
Vorderschloß 3 ½
D-94496 Ortenburg
+49 (0)8542 85427171

56 In alten Gewölben
Schloss

Hoch über dem Markt Ortenburg thront das prunkvolle gleichnamige Schloss. Einst Stammburg und Sitz mächtiger Grafen, ist es heute das Wahrzeichen der Gemeinde im Wolfachtal.

Die eindrucksvollen Torbögen und Gärten lohnen schon ein Spaziergang um die Residenz. Auf dem Außenareal erfahren Besucher auf Schildern Wissenswertes über die Reformation in Ortenburg. Doch besuchen Sie auch unbedingt die Anlage selbst. Sie ist vollständig erhalten, zum Großteil restauriert und beherbergt ein Museum sowie das Restaurant *Schlosskeller*. Der einstige Feudalsitz ist heute zudem Schauplatz vieler Veranstaltungen. Auf der Wiese unterhalb des Gebäudekomplexes finden regelmäßig die beliebten *Ortenburger Ritterspiele* statt. Auch im Fernsehen war der Renaissancebau bereits zu sehen, nämlich als Kulisse für die Fernsehserie *Forsthaus Falkenau* .

In seiner jetzigen Gestalt wurde das Schloss 1562 errichtet, die Innenausstattung der Säle wurde jedoch erst um 1800 abgeschlossen. Damit dokumentiert das Gebäude die Architektur und Kunst aus zwei Jahrhunderten. Eine Besonderheit stellt die kostbare Kassettendecke der Schlosskapelle dar. Sie ist aus fünf verschiedenen Holzarten gefertigt und zählt zu den bedeutendsten Renaissance-Kunstwerken seiner Art in Deutschland. Zu den weiteren Schätzen der Anlage gehören der Rittersaal und der Renaissance-Innenhof. Das historische Kellergewölbe beheimatet das schlosseigene Restaurant, das zudem über einen idyllischen Biergarten verfügt.

Unmittelbar am Anwesen beginnt der Waldlehrpfad zum Vorderschloss, der über naturgemäße Wald- und Forstwirtschaft informiert. Auf einem gut begehbaren Weg durch Mischwald erzählen mehrere Schautafeln von der Anatomie der Bäume und liefern Fakten über heimische Flora und Fauna.

Kinder, aufgepasst! Auf dem Schlossgelände gibt es einen großen Wildpark mit Streichelzoo. Auch ein Vogelpark ist gleich in der Nähe.

Kloster Aldersbach
Freiherr-von-Aretin-
Platz 1
D-94501 Aldersbach
+49 (0)8543 960433

Restaurant-Hotel Das Asam
Freiherr-von-Aretin-
Platz 2
D-94501 Aldersbach
+49 (0)8543 6247624

57 Bier in Bayern
Kloster Aldersbach

Eine Bierkönigin, die Krüge schleppt, und daneben ein betrunken wirkendes Wappentier, nämlich der Bayerische Löwe: Die beiden bilden das Empfangskomitee im Aldersbacher Kloster.

Die 2,60 Meter große und 600 Kilogramm schwere Skulptur wurde vom Holzbildhauer Michael Lauss als Werbe-Ikone für die Landesausstellung *Bier in Bayern* 2016 geschaffen. Als Vorlage diente eine Karikatur von Eugen von Baumgarten, der die Münchner Bavaria bereits im Jahr 1905 mit ihrem bierseligen tierischen Begleiter darstellte. Die Ausstellung ging und die Bavaria blieb – und erhielt als dauerhaften Standplatz den Aldersbacher Klosterinnenhof, gleich neben der Brauerei.

Das ehemalige Zisterzienserstift galt einst als geistiges und religiöses sowie kulturelles und wirtschaftliches Zentrum von Bayern. Erst mit der Säkularisation 1803, der Verstaatlichung des kirchlichen Eigentums und der Vertreibung der Mönche, erfolgte die Auflösung. Die Familie der Freiherren von Aretin erwarb 1812 die Ländereien und die Gebäude mitsamt der angrenzenden Brauerei. Anlässlich der Bier-Landesausstellung 2016 wurde der gesamte Komplex modernisiert.

Noch heute, nach mehreren Jahrhunderten des Bestehens, kann die imposante Größe, die prunkvolle Bauart und die Geschichte des Klosters bewundert werden. Das Areal wird vor allem für gastronomische und kulturelle Zwecke genutzt. Auch eine der schönsten Marienkirchen Bayerns findet sich auf dem Gelände. Eng mit der ehemaligen Abtei verbunden ist die Brauerei Aldersbach, die bereits auf eine über 700-jährige Geschichte zurückblicken kann. Mit Museum, Bräustüberl und Klosterladen ist ein Besuch der Brauerei ein Erlebnis für alle Sinne.

Moderne Hotelarchitektur in historischem Gebäude und hoch gelobte Kulinarik bietet *Das Asam* auf dem Aldersbacher Klosterareal.

Wanderungen rund um Windorf
Startpunkt zur Donau:
Uferstraße
D-94575 Windorf
+49 (0)8541 962640
(Touristinfo)

**Restaurant Feilmeiers
Landleben**
Schwarzhöring 14
D-94575 Windorf
+49 (0)8541 8293

58 Streifzüge durch die Natur
Wanderwege rund um die Donaugemeinde

Dank eines ausgedehnten Wegnetzes ist Windorf an der Donau idealer Ausgangspunkt für mehrere Wanderungen in malerischer Natur. Eine führt zur größten Donauinsel zwischen Ulm und Wien, die sich auf Höhe des Marktes am nördlichen Flussufer befindet, drei Kilometer stromabwärts von Vilshofen. Das Landschaftsschutzgebiet lässt sich auf zwei beschilderten Rundwegen erkunden, bei denen man vielfältige Eindrücke des Naturparadieses erhält. Besonders Fischer schätzen diesen Donauabschnitt, in dem Aale, Zander und Huchen anbeißen.

Am Rathaus von Windorf startet wiederum der Sieben-Brückerl-Weg. Für die zwölf Kilometer lange Tour und 305 Höhenmeter benötigt man je nach Tempo drei Stunden. Zunächst folgt man der Radstrecke Richtung Vilshofen, bei Hacklsdorf biegt man rechts ab und geht leicht bergauf bis zur Staatsstraße. Diese wird überquert, und der Weg führt links in den Wald hinauf nach Hirnschnell. Dort wendet man sich nach rechts zur Sieben-Brückerl-Kapelle und wechselt über sieben Stege die Seite des Wimbergers Bachs. Über Frauendorf oder Wimberg gelangt man wieder nach Windorf.

Wer nur einen kurzen Spaziergang von der Ortsmitte aus machen möchte, biegt von der Vilshofener Straße in die Richtung Frauenberg ab und geht durch ein Wohngebiet etwa 400 Meter bergauf, bis sich auf der linken Seite eine Kapelle zeigt. Dort bietet sich ein bezaubernder Ausblick auf die größte Stadt des Landkreises Passau, Vilshofen an der Donau, mit der alles überragenden Benediktinerabtei Schweiklberg. Das Kloster thront wie eine mittelalterliche Kirchenburg über der Gemeinde.

Auch die Uferpromenade von Windorf direkt am Donauradweg lädt zu einer gemütlichen Tour ein, während der man auf einer der zahlreichen Bänke die Aussicht auf die Donauinsel genießt.

Besonders fein essen kann man im Restaurant *Feilmeiers Landleben* in Schwarzhöring.

STOLLEN KELLER

URKELLER // SEITENGÄNGE // ZWEISPITZ // VERLETZUNGEN

TUNNEL CELLARS

BierUnterwelten
Stadtplatz 38
D-94474 Vilshofen
an der Donau
+49 (0)8541 208112

Wolferstetter Keller
Bürg 21
D-94474 Vilshofen an der Donau
+49 (0)8541 9674880

59 Geheimnisse unter der Stadt
Dokumentation *BierUnterwelten*

Ein unterirdisches Gangsystem unter der Stadt? Was nach Filmkulisse klingt, lässt sich in Vilshofen an der Donau tatsächlich besichtigen. Zugleich kann man auf eine spannende Reise in die Vergangenheit der Stadt gehen.

Etwa sechs Meter unter der Erdoberfläche wurde im Mittelalter ein 90 Meter langer Gang in Gneisgestein geschlagen, der einst von einem Bierkeller zum nächsten führte. Nachdem er lange Zeit in Vergessenheit geraten war, gelangt man seit 2017 über den unterirdischen Weg in einen hellen Ausstellungsraum. In dem ehemaligen Gär- und Lagerkeller einer Brauerei wird die seit 700 Jahren belegte Bierkulturgeschichte Vilshofens dokumentiert. Das Gewölbe bietet eine beeindruckende Kulisse für die musealen Stücke. Zum Teil beheimaten die *BierUnterwelten* außergewöhnliche Exponate der Landesausstellung *Bier in Bayern* aus dem Jahr 2016.

Auch die Wirtshauskultur in all ihren Facetten und allgemeine Informationen rund um das Lieblingsgetränk der Bayern von den Rohstoffen bis zur Vermarktung vermittelt die Ausstellung. Gäste erfahren zudem von Joseph Groll aus Vilshofen an der Donau, seines Zeichens der Erfinder des Pils. 1842 ging der Braumeister in die böhmische Stadt, wo er im dortigen neuen Bürgerlichen Brauhaus zum ersten Mal die mittlerweile populäre Biersorte herstellte.

Eine weitere Abteilung der *BierUnterwelten* widmet sich der über 800-jährigen Stadtgeschichte. Überirdisch wird zudem ein Spaziergang auf den Spuren des Pilserfinders angeboten: Zu insgesamt acht Stationen wird man durch die Altstadt geführt, unter anderem zu Grolls Geburts- und Sterbehaus sowie zu seinem ersten eigenen Heim in der Vilsvorstadt und zur Grollkapelle.

Zünftig bayerisch einkehren lässt es sich im Traditionslokal *Wolferstetter Keller*.

60 Hightech für jedermann
Digitales Wissenszentrum *BayernLab*

Menschen hüpfen aus den Bilderrahmen von der Wand und fangen an zu tanzen? Einmal schauen, wie das Herz unter der Rippenmuskulatur arbeitet? Oder eine virtuelle Runde in einem der bayerischen Schlösser drehen? Das und mehr ist im *BayernLab* in Vilshofen möglich, das als Wissenszentrum für digitale Innovationen vom Freistaat Bayern geschaffen wurde.

Öffentlich zugänglich als Schaufenster modernster Technik, kann im *BayernLab* Hightech erfahren, angefasst, ausprobiert und genutzt werden. Auf verschiedenen Themeninseln wird das breite Spektrum der Digitalisierung abgebildet. Dabei wird klar: Es gibt fast nichts, was es noch nicht gibt!

Virtuelle Realität kann mittels eines »Mini-Holodecks« erlebt werden. Auf diese Weise durchstreift man Schloss Neuschwanstein, bewundert die Deckenmalereien und bewegt sich dabei per Joysticks in den Händen durch die Märchenburg. Faszinierend! Für Kinder ist es spannend, wie soeben ausgemalte Zeichnungen mit einem Tablet in Bewegung kommen. Da tritt plötzlich – mithilfe einer kostenlosen App – der Teddybär und der Feuerwehrwagen aus dem Malbuch heraus. Ein Renner bei den Kleinen ist ebenfalls die *Augmented Reality Sandbox*, die spielerisch kreativ werden lässt und ganz nebenbei ein Gefühl für Tektonik und Geologie vermittelt. Freude kommt auf beim Mini-Roboter, der den vertrackten Zauberwürfel im Nu geknackt hat.

Das Angebot des *BayernLab*s umfasst zudem viele hilfreiche Informationen zur digitalen Gesellschaft, zu Behördengängen und wie man sich souverän im Netz bewegen kann. Hintergründe, zum Beispiel über den Einsatz von Drohnen oder die Anwendungsgebiete von 3-D-Druckern werden anschaulich erklärt. Allein oder bei einer interessanten Führung kann man sich einen Überblick über digitale Themen verschaffen – nicht als graue Theorie, sondern in der bunten Praxis.

Nach den Hightech-Höhenflügen braucht man bodenständiges Essen: Auf der gegenüberliegenden Donauseite in Schmalhof 6 liegt das bayerische Wirtshaus *Zur Wurz'n*.

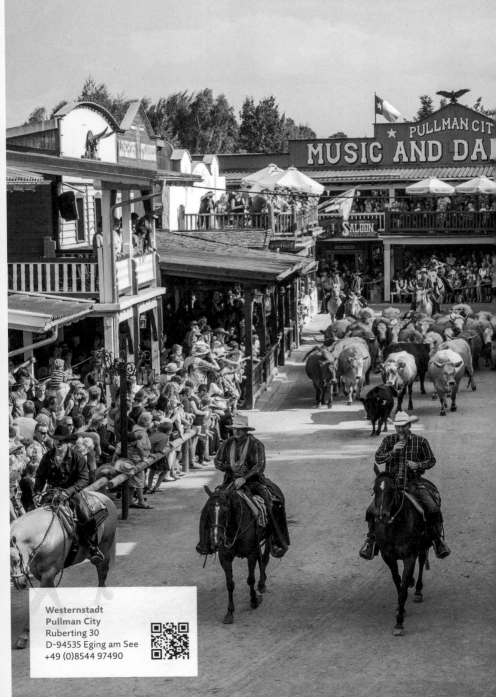

Westernstadt
Pullman City
Ruberting 30
D-94535 Eging am See
+49 (0)8544 97490

61 Wilder Westen im Bayerischen Wald
Westernstadt *Pullman City*

Winnetou und Trapper, Indianer oder Cowboy: Wer Lust auf authentisches Westernleben hat, wird sich in *Pullman City* in Eging am See wohlfühlen. Der Erlebnispark liegt 25 Kilometer nordwestlich von Passau, nur einen Katzensprung von der A3 entfernt.

Das ganze Jahr über bieten die »Sheriffs« ein abwechslungsreiches Programm für Jung und Alt. Ab Mitte November lockt an den Wochenenden der Deutsch-Amerikanische Weihnachtsmarkt. Freunde live gespielter Country-Musik kommen ebenso auf ihre Kosten wie Fans von Rock'n'Roll. Nach dem Weihnachtsmarkt geht es mit dem *Wild West Winter* an den Wochenenden bis Mitte Februar weiter. Kinder haben ihren Spaß im *Kids Club*, auf dem Wasserspielplatz oder im abenteuerlichen *Adventure Trail*. Das Herz der Motorenliebhaber erfreut sich am wummernden Sound von amerikanischen Bikes und Oldtimern. Wildwest-Feeling entsteht beim Bogenschießen, Goldwaschen, Ponyreiten und natürlich am Lagerfeuer. Täglich werden mehrere Shows auf die Beine gestellt: Zauberer, Messerwerfer und Lassokünstler verblüffen mit waghalsigen Tricks. Das Highlight ist jeden Nachmittag die große *American History Show* mit verwegenen Cowboys, mutigen Indianern, nostalgischen Kutschen und freilaufenden Bisons.

Wer selbst aktiv werden will, nimmt teil an den Kursen für Line-Dance oder Boogie-Woogie. Übernachten können Besucher im *Palace Hotel* inmitten der *Main Street* oder im mexikanischen Hotel *La Hacienda*. Wild-romantisches Flair erlebt man in den Ferienhäusern, rustikalen Blockhütten oder Tipi-Zelten mit Lagerfeuerstätten. Wenn man nachts durch die *Main Street* schlendert, sich unten im Tal in der urigen *Hudson Bay Taverne* noch einen Absacker genehmigt und sich dann in seinen Wigwam kuschelt, verschmelzen Illusion und Realität nahezu miteinander. Mehr Western gibt es nur überm großen Teich.

Im *Authentikbereich* zeigen die »Hobbyisten«, wie man 1740 und 1880 lebte und arbeitete. Vor allem am Wochenende lohnt ein Rundgang.

Eginger See
Rohrbach 8 1/2
D-94535 Eging am See
+49 (0)8544 96120

Sonnen-Therme
Mühlbergstraße 5
D-94535 Eging am See
+49 (0)8544 8778

62 Wasser für alle Sinne
See und Sonnen-Therme

In Eging lässt sich bei jedem Wetter baden. Denn während bei Sommerwetter der große See lockt, kann man sich bei Regen jederzeit in der angrenzenden *Sonnen-Therme* aufhalten. Bevor man sich ins nasse Vergnügen stürzt, lädt ein Themenwanderweg rundum dazu ein, die Sinne für die Natur zu schärfen.

Die vier Kilometer lange Strecke verrät an 20 unterschiedlichen Stationen Wissenswertes und Faszinierendes über den Forst und Granit im Bayerischen Wald. Im bunten und artenreichen Mischwald lassen sich viele Fakten über den Baumbestand erfahren. Auch Verspieltes und Besinnliches tragen zum Verständnis bei, unter anderem ein Baumtelefon, Wurzelwelten, ein Garten der Sinne und ein Liegepavillon. Durch diese nahbare Informationsvermittlung eignet sich der Themenwanderweg ebenfalls für Kinder.

Am Eginger See, auch Rohrbachstausee genannt, können sich die Kleinen auf einer Wellenwasserrutsche, einem Spielplatz sowie in einem Plansch- und Erlebnisbecken auf drei Ebenen vergnügen. Ein Verleih für Tretboote und Stand-Up-Paddling garantiert Spaß auf dem Wasser. Zudem überzeugt das Naherholungsgebiet mit einem Sandstrand, einem Badesteg, einer Schwimminsel und einem Restaurant.

Entscheidet man sich für den Besuch der *Sonnen-Therme*, darf man sich auf eine abwechslungsreiche Badelandschaft freuen. Im Granitfelsen- oder Kneippbecken, am Massagebrunnen, in der Dampfgrotte oder dem Sole- und Außenbecken lässt sich hervorragend an der Fitness arbeiten. Für Wellness und Entspannung sorgen eine Finnische Sauna, ein Sanarium und eine Duftgrotte. Bestens ausruhen kann man sich hinterher in den lichtdurchfluteten Liegebereichen. Reizvoll ist es, wenn man im Winter den verschneiten Wald vom Innenbecken aus durch die großen Fenster der Therme betrachten kann.

Im Wirtshaus *Seeufer* hat man von der Terrasse und im Biergarten den See im Blick.

Pfarrkirche
Maria Himmelfahrt
Burgstraße
D-94538 Fürstenstein

63 Hoch droben auf dem Felsrücken
Wallfahrtskirche Mariä Himmelfahrt

Wo die Berge des Bayerischen Waldes zur Donau hin zu sanften Hügeln auslaufen, erkennt man Fürstenstein mit seinem imposanten Schloss schon von Weitem. Den im nördlichen Landkreis Passau gelegenen Ort, etwa 25 Kilometer von der Dreiflüssestadt entfernt, erkundet man am besten zu Fuß. Er ist von kleinen romantischen Straßen, Gassen und Treppenaufstiegen durchzogen. Die Häuser schmiegen sich dicht an dicht, und man erhält rasch den Eindruck, alle Wege führten nach oben. Dort, auf einem 578 Meter hohen Felsrücken thront die Festung Fürstenstein und die Wallfahrtskirche Mariä Himmelfahrt.

Da das Schloss sich heute in Privatbesitz befindet, können die mittelalterlichen Mauern nur von außen begutachtet werden. Das Gotteshaus hingegen ist einen Besuch wert. Entsprechend dem Originalgrundriss der Gnadenkapelle in Altötting wurde es 1629 errichtet. Mit dem Bau wollte der Schlossherr den Pilgern während des Dreißigjährigen Krieges den langen gefährlichen Weg nach Altötting im Süden ersparen. Die Kirche enthält die älteste und originalgetreueste Nachbildung der Schwarzen Madonna von Altötting. Der Erfolg als Ersatzwallfahrtsort war anscheinend derart groß, dass sogar Pilger aus dem benachbarten Böhmen kamen.

Nach der Besichtigung laden Fürstenstein und seine Umgebung mit einem gut markierten Weg- und Radstreckennetz zu einem Ausflug ins Grüne ein. Dabei fallen die vielen ungewöhnlichen Felsformationen auf. Eine etwa sieben Kilometer lange Wanderrunde führt vom Schloss über den Perusaweg, weiter über den Bergfriedhof und nach Überquerung der Staatsstraße 2127 bis zur Kollnbergmühle und der Englburg in Tittling. Über den Hohen Stein erreicht man wieder die Residenz Fürstenstein.

Unternehmen Sie abschließend einen Abstecher in den Ortsteil Nammering zu einer bedeutenden Gedenkstätte: Sie erinnert auf dem ehemaligen Bahngelände an einen Gefangenentransport im Jahr 1945 zum Konzentrationslager in Dachau.

Die idyllische Kollnbergmühle mit uraltem Mühlweiher und noch funktionstüchtigem Wasserrad müssen Sie sehen!

Museumsdorf Bayerischer Wald
(April–Oktober)
Am Dreiburgensee
D-94104 Tittling
+49 (0)8504 8482

64 Erleben wie es früher war
Museumsdorf Bayerischer Wald

Begonnen hat Georg Höltl aus Tittling einst als regionaler Omnibusunternehmer. Mit seiner Erfindung der Schlafanhänger kamen Touristen in den Genuss, mit seinem Betrieb die ganze Welt bereisen zu können. Trotz dieser internationalen Aktivitäten war dem 2016 verstorbenen Höltl die Historie seiner Heimat stets ein Hauptanliegen. Davon zeugt das von ihm initiierte *Museumsdorf Bayerischer Wald* bei Tittling, direkt neben dem ebenfalls von ihm erbauten Hotel *Dreiburgensee*, knapp 30 Kilometer nördlich von Passau.

Auf einer Fläche von 25 Hektar zählt die Anlage zu den größten Freilichtmuseen in Europa. Beeindruckender noch als das Ausmaß des Areals sind die aus dem ganzen Bayerischen Wald stammenden Gebäude aus der Zeit von 1580 bis 1850, Exponate, volkskundlichen und kirchlichen Gegenstände. Bei der Zusammenstellung wurde stets auf Originalität geachtet und die Häuser an ihren ursprünglichen Standorten sorgsam abgetragen, bevor sie im Freilichtmuseum Tittling akribisch wieder errichtet wurden.

Besucher früher Jahrgänge fühlen sich oft in die Kindheit versetzt, wenn sie in der ältesten Schule des Landes Platz nehmen oder durch die Kleidungsstücke, Möbel und landwirtschaftlichen Geräte an ihre Vorfahren erinnert werden. Für Jüngere ist die Kargheit der damaligen Lebensweise hingegen fast unvorstellbar. Manchmal ungläubig betrachten sie die historischen, immer noch funktionsfähigen Werkstätten und Mühlen.

Auch kann man Handwerkern beim Töpfern, Bemalen von Hinterglas, Wollspinnen, dem Bedrucken von Stoffen oder beim Krapfenbacken über die Schulter schauen. Die Authentizität und Konzeption des Museums mit seinen über 60.000 Objekten verlockt zu einer mehrstündigen Besichtigung, bei der man die Details der volkskundlichen und sakralen Sammlungen, Hausratsgegenstände, Glasarbeiten und Schmuck auf sich wirken lassen kann.

Direkt gegenüber dem Museumsdorf liegt das Hotel *Dreiburgensee* mit dem gemütlichen Biergarten *Seeperle*. Dort sitzt man schön mit Blick aufs Wasser.

Dreiburgensee Tittling
Parken: Seestraße 20
oder Am Dreiburgensee
(Museumsdorf)
D-94104 Tittling

Wackelstein bei Entschenreuth
Zugang über Straße:
Zum Wackelstein
D-94163 Saldenburg

65 Aktiv am Waldgewässer
Dreiburgensee

Gleich nach drei Burgen ist der idyllisch gelegene See bei Tittling benannt: nach der Saldenburg, der Englburg und Schloss Fürstenstein. Erstmals 1703 erwähnt, diente das Gewässer ursprünglich Max Josef Graf von Tauffkirchen zu Guttenburg, dem Besitzer der Englburg, als Fischzuchtteich.

Heute lockt der Rothauer See, wie der Dreiburgensee auch genannt wird, im Sommer mit allerlei Annehmlichkeiten Gäste zum Baden im Wasser und Sonnenschein. Er eignet sich auch ideal für einen Ausflug mit Kindern. Die Liegewiesen mit den Spielplätzen ziehen Familien an, ein Bootsverleih und sogar zwei Hotels runden das Angebot ab. Doch auch im Winter ist das Gewässer ein beliebtes Ausflugsziel, wenn man auf der gefrorenen Fläche Schlittschuhlaufen oder Eisstockschießen kann.

Bei einer Rundwanderung um den 700 Meter langen und acht Hektar großen See kann man zwischen einem kürzeren, etwa 30-minütigen Spaziergang und einer etwas längeren Strecke über 4,5 Kilometer wählen. Am Ufer laden zahlreiche Sitzmöglichkeiten zu einer Verschnaufpause ein. Mit etwas Glück lassen sich Fische beobachten, die aus dem Wasser hüpfen. Zum Teil säumen Schilfgürtel und sumpfige Flächen den idyllischen Waldsee. Das Werk der Biber zeigt sich vielerorts, ob durch Biberburgen, Biberdämme oder angenagte Baumstämme. Wenn man sich leise verhält, kann man ebenfalls kleine Schlangen am Wegesrand erblicken.

Entlang des Wassers passiert man einen Barfußpfad, der aus einem Kiesweg und einem kleinen Bach besteht. Von Mai bis Mitte Oktober kann auch geangelt werden, Tageskarten sind bei der Touristeninformation im Tittlinger Rathaus erhältlich. Einkehrmöglichkeiten bieten zum Beispiel der Biergarten des *Seehofs* oder das angrenzende Museumsdorf, wo zudem Parkplätze zur Verfügung stehen.

Die eineinhalbstündige Wanderung zum Wackelstein bei Entschenreuth auf dem Gemeindegebiet Saldenburg ist abenteuerlich. Der 50 Tonnen schwere Fels kann von einem Menschen zum Schaukeln gebracht werden.

Schreinerei und Wirtshaus Hafner
Marktplatz 17
D-94157 Perlesreut
+49 (0)8555 699

Perlesreuter Landmarkt
Marktplatz 31
D-94157 Perlesreut
+49 (0)8555 405510

66 Und vorher ein »Mongdratzerl«
Schreinerei und Wirtshaus Hafner

Ein Essen beim Hafnerwirt in Perlesreut vergisst man nicht. Schon die etwa halbstündige Fahrt bayerwaldwärts wirkt belebend. Der Weg führt durch das schöne, für seine Wanderwege bekannte Ilztal, schlängelt sich den Berg hinauf, hinunter und wieder nach oben. Vom Marktplatz etwas zurückversetzt liegt der Eingang zum legendären Wirtshaus, das im Erdgeschoss die Ausstellung der Hafner-Möbel zeigt, für die die Familie ebenso bekannt ist wie für ihre Gasthaustradition.

Dass die Familie diese Tradition im besten Sinne lebt, muss betont werden, denn sie ist selten geworden. Frische regionale Speisen, in der Zubereitung mal bodenständig, mal raffiniert, natürlich ohne »Packerlsauce« und ohne künstliche Zusätze. Und natürlich ist und bleibt die Küche seit Jahrzehnten mikrowellenfreie Zone. Der Gast freut sich über ein »Mongdratzerl« als Vorspeise und über Hauptspeisen wie ein Haidmühlner Forellenfilet oder Urkornrisotto, alles kreativ und bekömmlich, mit ausgewogenen Zutaten. Auch Klassiker wie Rostbraten stehen auf der Karte und werden herrlich auf den Punkt zubereitet.

Für heimelige Atmosphäre sorgen neben gutem Essen die einzigartigen Hafnermöbel aus der familieneigenen Schreinerei. Und man spürt gleich: Mit Ausstellungen und Konzerten ist der Hafnerwirt seit jeher ein künstlerfreundliches Haus. Mit einem Blick in den Bayerwald gesegnet, kann die Wirtsfamilie ihren Gästen eine Panoramaterrasse bieten, die einen im Sommer vor die schwere Wahl stellt zwischen gemütlicher Wirtsstube oder traumhafte Aussicht.

Auch in Passau kann man Hafnermöbel besichtigen, nämlich in der schreinereieigenen *Galerie für Form und Raum* in der Michaeligasse Nummer 7. Um die legendäre Wirtshaustradition zu erleben, sollte man sich aber unbedingt auf den Weg in den Bayerwald machen.

Zu empfehlen im Ort ist das Geschäft *Perlesreuter Landmarkt* mit direkt vermarkteter Naturkost und Biobackwaren.

**Gasthaus-Pension
Schrottenbaummühle**
(Gasthaus: Ende März–
Ende Oktober)
Schrottenbaummühle 1
D-94142 Fürsteneck
+49 (0)8504 1739

67 Camping auf der Insel
Gasthaus-Pension Schrottenbaummühle

Kein Wunder, dass alle von der Schrottenbaummühle schwärmen, denn das Gasthaus mit Pension zwischen Passau und Nationalpark liegt in einem wahren Naturparadies. Die Ilz entspringt im bayerisch-böhmischen Grenzraum zwischen den Bergen Rachel und Lusen. Das große Wildwasser bahnt sich seinen Weg durch die urwüchsige Mittelgebirgslandschaft des Bayerischen Waldes. Es versteht sich, dass einige Menschen an diesem Ort ein bisschen länger bleiben und den Zauber der Ilz genießen wollen.

Im Sommer ist für Campingfreunde die zur Schrottenbaummühle gehörende Zeltwiese mit dem vielversprechenden Namen *Insel* direkt am Fluss ideal. Der idyllisch gelegene Platz ist sowohl bei Reisenden mit Wohnmobil, Caravan als auch zeltenden Radfahrern beliebt, die Ruhe und Lagerfeuerromantik suchen. Mitten im Naturschutzgebiet *Obere Ilz* wird darauf geachtet, dass weder laute Partys noch Junggesellenabschiede gefeiert werden. Für Kinder gibt es einen schönen Waldspielplatz in der Nähe.

Wer nicht selbst grillen will, lässt sich einfach im malerischen Gasthaus nieder und mietet sich in der gemütlichen Pension ein. Die Wirtshausküche empfiehlt fangfrische Forellen, eine reiche Auswahl an bayerischen Brotzeiten mit Presssack und Schwarzgeräuchertem oder zum Nachmittagskaffee Kuchen und Topfenstrudel sowie Eisbecher. Insgesamt ist die Schrottenbaummühle ein perfektes Ausflugsziel für die ganze Familie. Nahe den Wanderwegen gelegen, bietet sie sich auch als Zwischenstopp auf längeren Touren an.

Die Geschichte des Gebäudes reicht weit ins 15. Jahrhundert zurück. Oberhalb der Ilz wurde schon sehr früh Getreide wie Roggen, Hafer, Gerste, Hirse und Buchweizen angebaut. Und so kann man sich bei einem Spaziergang in die Zeit zurückversetzen, als auf der Ilzbrücke nahe der Mühle der Handel florierte.

Ein Rundwanderweg mit Einstieg an der Schrottenbaummühle ist sogar kinderwagentauglich.

Gut Lichtenau
Lichtenau 1
D-94051 Hauzenberg
+49 (0)8586 1213

68 Ferien auf dem Berg
Gut Lichtenau

Um zum Gut Lichtenau aus Eigenantrieb zu gelangen, muss man entweder wandernd schwitzen oder kräftig in die Pedale treten. Wer eine gemütlichere Anreise bevorzugt, sollte das Auto nehmen. Etwa 20 Kilometer nordöstlich von Passau entfernt, zwischen den beiden Hauptorten Hauzenberg und Waldkirchen, liegt der idyllische Berggasthof mit seinem landwirtschaftlichen Gut und den angrenzenden Ferienwohnungen auf 723 Höhenmetern.

Alle Gebäude sind im regionalen Landhausstil in Holz- und Granitbauweise errichtet. Die mit Holz aus dem eigenen Wald ausgestatteten Zimmer im Gasthaus und eigenständigen Apartments eignen sich sowohl für einen kurzen Aufenthalt als auch für mehrere Urlaubstage. Das Anwesen als Ort der Sommerfrische zu bezeichnen, würde dem vielfältigen Angebot jedoch nicht gerecht werden. Im Winter reizt die erhabene Lage mit einem einmaligen Panorama. Am Horizont erkennt man die schneebedeckten Berge des Bayerischen Waldes und der Salzburger Alpen. Ob jung oder alt, ob allein oder als Familie mit Kindern – für jeden besteht im gesamten Jahresverlauf eine breite Palette an Freizeitmöglichkeiten.

Fernab von Durchgangsverkehr schöpft man Ruhe und Erholung in der Natur bei ausgedehnten Wanderungen oder Touren mit dem Mountainbike. Im Winter kann man sich auf dem Schlitten oder gut gepflegten Langlaufloipen versuchen. Zu jeder Jahreszeit locken in den gemütlich-rustikalen Gasträumen bayerische Schmankerl. Der große Biergarten ist im Sommer eine beliebte Adresse. Auf dem Weg dorthin lassen sich die liebevoll angelegten Blumenbeete und Gewürz- und Gemüsegärten bewundern. Für die Kinder sind die vielen Spielmöglichkeiten auf den Wiesen ringsherum und die vierbeinigen Bewohner des Guts ein besonderer Lichtblick.

Am Gut Lichtenau starten zwei Panoramarundwege. Sie führen an Steinbrüchen und einer malerischen Waldkapelle vorbei.

**Freudensee
Hauzenberg**
Freudensee 21
D-94051 Hauzenberg

**Granitzentrum
Bayerischer Wald**
Passauer Straße 11
D-94051 Hauzenberg
+49 (0)8586 2266

69 Vergnügen in der Natur
Freudensee

Hauzenberg ist die Stadt, in der »der Granit dahoam is«. An diesem Ort verzeichnet der Bayerische Wald eines der größten Granitvorkommen. Zwischen sanften Granitkuppen liegt die kleine Stadt mitsamt dem Freudensee in einem weiten Talkessel. Der sieben Hektar große Stausee mit seinen bewaldeten Ufern bietet zu jeder Jahreszeit vielfältige Erholungsmöglichkeiten. In die hügelige Forstlandschaft schmiegen sich viele verträumte Plätze mitten im Grünen.

Die Geschichte des Gewässers geht weit zurück ins 19. Jahrhundert, als es als Antriebsquelle für eine Hammerschmiede genutzt wurde. Heute ist der Freudensee ein guter Ausgangspunkt für Spaziergänge, Wanderungen und allerlei sportliche Aktivitäten wie Joggen, Nordic Walking oder Mountainbiken. Ein Ausflug zu den umliegenden Hauzenberger Erhebungen wie dem Staffel- oder Ruhmannsberg bietet ein einzigartiges Naturerlebnis. Höchster Punkt in der Umgebung ist der 950 Meter hohe Oberfrauenwald, auf dem ein Aussichtssturm einen malerischen Ausblick ermöglicht. Auf dem Gipfel verläuft die Landkreisgrenze zwischen Passau und Freyung-Grafenau. Für einen gemächlichen Spaziergang bietet sich zu jeder Jahreszeit die circa halbstündige Umrundung des Sees an. Zum Wasser führt ein gut begehbarer Weg durch einen idyllischen Mischwald, an Mündungen dreier Bäche entlang.

Im Sommer eignet sich der See optimal zum Schwimmen oder Paddeln. Vor allem an heißen Tagen versprechen zahlreiche Schattenplätze rund um das Gewässer Abkühlung. Ein großzügiger Spielplatz mit Kletterparcours grenzt direkt an eine schöne Liegewiese mit Badestrand an. Ob Auspowern auf dem Beachvolleyballplatz oder lieber in Ruhe am Kioskcafé ein Eis schlecken – für jeden Geschmack finden sich Freizeitmöglichkeiten.

Gut kombinieren lässt sich das Naturerlebnis mit einem Besuch im Granitzentrum Hauzenberg. Imposant, wenn an den Adventswochenenden im Ambiente eines alten Steinbruchs mit einem außergewöhnlichen Markt Granitweihnacht gefeiert wird.

**Naturhotel und Restaurant
Gidibauer Hof**
Grub 7
D-94051 Hauzenberg
+49 (0)8586 96440

Skilift Geiersberg
Geiersberg 10
D-94051 Hauzenberg
+49 (0)8586 3335

70 Edel essen im Ochsenstall
Naturhotel und Restaurant Gidibauer Hof

Inmitten von Wiesen und Wäldern, nur 20 Minuten von Passau entfernt, steht in herrlicher Hanglage am Ortsrand von Hauzenberg das Naturhotel und Restaurant *Gidibauer Hof*. Auf der angrenzenden Weide grasen Rinder. Das Anwesen der Familie Ertl vermittelt ein Idyll. Mit viel Respekt vor der historischen Substanz ist der seit 1780 landwirtschaftlich genutzte Vierseithof saniert und zur Gästebewirtung umgebaut worden. Eine vielfach ausgezeichnete Küche trifft auf außergewöhnliche Architektur.

Dass man heute in Kuh- und Ochsenstall edel essen kann und das gesamte Arrangement dennoch bodenständig wirkt, liegt zum einen am feinen Gespür für die traditionellen Speisen. Zum anderen bezeugen die historischen Gemäuer, dass sich die Familie Ertl bei den Renovierungsarbeiten hat exzellent beraten lassen. Ob man im romantischen Innenhof sitzt oder in einem der Gastzimmer, überall verschmilzt der hohe gastronomische Anspruch mit der angenehm heimeligen Atmosphäre. Darum verlängern manche Gäste ihren Aufenthalt und beziehen eines der 19 Zimmer des Naturhotels.

Gerade für Ruhesuchende ist der *Gidibauer* perfekt. Für das Wohlbefinden sorgen geschreinerte Möbel aus Kirschbaumholz, Fußböden aus Eichendielen. Die gemütlichen Räume verfügen entweder über einen Balkon beziehungsweise eine Terrasse mit Fernblick oder sind zum geschützten Innenhof ausgerichtet. Zu jeder Jahreszeit bieten sich in direkter Umgebung des denkmalgeschützten Anwesens Möglichkeiten zum Spazieren oder Wandern, während Kinder die vielseitige Natur erkunden können.

Woher stammt eigentlich der Name *Gidibauer*? Von Anfang an in Familienbesitz, wurde der Hof nach einem Ahnen Ägidius benannt, der offenbar großen Eindruck hinterlassen hatte – wie der Betrieb es heutzutage bei seinen Gästen tut.

Nach nur fünf Kilometer erreicht man den Skilift am Geiersberg, der für Kinder ideal ist. Auch Loipen sind in der Nähe gespurt.

LEITFÄHIGE
PLASTIKTEILE

FLAMMSCHUTZ

KOHLEBÜRSTEN
IM ELEKTROMOTOR

REIFEN

ALLURGIE

**Besucherbergwerk
Graphit Kropfmühl mit
Museum Graphiteum**
Langheinrichstraße 1
D-94051 Hauzenberg
+49 (0)8586 609147

71 Abenteuer unter Tage
Besucherbergwerk Graphit in Kropfmühl

Im einzigen Graphitbergwerk Deutschlands lässt sich hautnah die spannende Welt unter Tage erleben. In Kropfmühl bei Hauzenberg wird schon seit 1910 das Mineral abgebaut. Das Besucherbergwerk und das *Graphiteum* sind ein wetterunabhängiges Ausflugsziel und ein Erlebnis für die ganze Familie.

Der einzigartige »Zukunftstollen« ermöglicht mit modernen Medieninstallationen in kürzester Zeit eine Reise in die Zukunft des Spitzenmaterials Graphit. Viele denken erst einmal an Bleistiftminen. Aber das ist längst nicht alles. Das grauschwarze Mineral ist nämlich ein Universaltalent: Seine Hitzebeständigkeit, Widerstandsfähigkeit gegen Säuren und Laugen sowie die vielseitige Verwendung machen es zum begehrten Produkt in vielen Industriezweigen. In der Auto- und Elektrobranche ist der Rohstoff als Schmiermittel oder Bestandteil von Kupplungen und Elektromotoren ebenso unentbehrlich wie im Bauwesen zur Wärmedämmung.

Über alle Einsatzmöglichkeiten von Graphit kann man sich in dem seit 1983 bestehenden Besucherbergwerk in Kropfmühl informieren. Es wurde mehrfach renoviert und erstrahlt auch unter Tage im neuen Glanz. Hinunter in die Mine! Von April bis September kann man mit Helm und Kittel bekleidet unter Leitung eines erfahrenen Bergmanns einen 45 Meter tiefen Stollen besichtigen. In einer seitlichen Kaverne wird man mit der erdgeschichtlichen Entstehung vertraut gemacht.

Das höchst informative Museum *Graphiteum* veranschaulicht und vertieft in einer ständigen Ausstellung die unter der Erdoberfläche gewonnenen Erkenntnisse. Während des ganzen Jahres finden im Zechensaal oder in der Cafeteria des Bergwerks kulturelle Veranstaltungen statt, häufig umrahmt vom örtlichen Knappenchor, der die heilige Barbara, Schutzpatronin der Bergleute, in Ehren hält. »Glück auf!«

Wer genug unter Tage gesehen hat, wandert hinauf auf den nahe gelegenen Ruhmannsberg. Auf die 863 Meter hohe Erhebung führen einige Forst- und Wanderwege.

Berggasthof Sonnenalm
Geiersberg 8
D-94051 Hauzenberg
+49 (0)8586 4794

Hochficht Bergbahnen
Hauptstraße 2
A-4160 Aigen-Schlägl

72 In luftiger Höh'
Berggasthof Sonnenalm

Es gibt viele gute Gründe, den Geiersberg in der Nähe von Hauzenberg zu besuchen: im Winter der gerade für kleine Kinder gut geeignete Skiliftbetrieb und zu jeder anderen Jahreszeit die vielfältigen Wander- und Radwege mit traumhaften Aussichten. Und ein weiterer erfreulicher Anlass, den Geiersberg zu Fuß, auf zwei oder vier Rädern zu erklimmen, ist der Berggasthof Sonnenalm auf 830 Metern Höhe. Wer einmal oben angekommen ist, bleibt.

Das mit der Sonne ist kein Gerede, denn wenn in den Tälern manchmal die Nebelschwaden wabern, scheint oben auf der Alm, genau: die Sonne! Fast nirgendwo kommt man in den Genuss eines schöneren Bayerwaldpanoramas. Der Fernblick reicht bei guter Sicht bis zu den Salzburger Alpen mit Watzmann und Dachstein. Direkt am Haus führt der gut beschilderte Granit- oder Goldsteigwanderweg vorbei.

Mit viel Platz unter freiem Himmel wird im Sommer die Schweinshaxe mit Knödeln und bayerischer Gastfreundschaft in der Sonne auf der Terrasse serviert. Und die Haxe ist weitum gerühmt: innen saftig, außen knusprig. Ebenso schmecken Wanderteller, Suppen und Brotzeiten in luftiger Höh' besonders gut. Die Kräuter stammen aus dem eigenen Garten, und die Wirtsfamilie Liebl legt Wert auf Regionalität. Eingekauft wird beim Metzger und Bäcker im Ort oder direkt vom Bauernhof. Auf Kinder warten eigene Angebote, sowohl auf dem Teller als auch jenseits des Tisches.

Auf der Sonnenalm lassen sich mehrere Urlaubstage verbringen. Für bis zu 24 Personen stehen Übernachtungsmöglichkeiten zur Verfügung. Die Liebls haben sich dabei auf Wellness spezialisiert. So kann man im hauseigenen Kneippbecken nach einer langen Wanderung seine Füßen beleben oder sich in der Sauna erholen.

Nur 500 Meter weiter gibt es einen Skilift für Anfänger. In 20 Autominuten erreicht man das Dreiländerskigebiet Hochficht.

**Webereimuseum
Breitenberg**
Gegenbachstraße 50
D-94139 Breitenberg
+49 (0)8584 96180

Nordisches Zentrum Jägerbild
Obernstein 10
D-94139 Breitenberg
+49 (0)8584 96180

73 G'schichten von Troadkasten
Webereimuseum

Die Leinenweberei war einmal ein wichtiges Gewerbe im Bayerischen Wald. Das Webereimuseum Breitenberg erinnert an die glänzenden Zeiten im 18. Jahrhundert, als der Stoff aus der Region in vielen Ländern Europas ein gefragter Importartikel war. Die Ausstellung wurde 1983 in einem alten bäuerlichen Anwesen in der Ortschaft Gegenbach eingerichtet und dokumentiert eindrücklich, wie sich die Menschen einst am Webstuhl verdingten.

Das Gelände besteht aus einem wunderschönen Ensemble an Baudenkmälern. Rund um das Leopoldenhaus, dem Museumshauptgebäude, stehen mehrere Getreidespeicher aus dem 18. Jahrhundert, sogenannte »Troadkasten«, die in der näheren Umgebung abgetragen und originalgetreu wieder auf dem Areal errichtet wurden. Das Hutsteiner-Häusl mit Kräutergarten, das 1777 erbaut wurde, gibt Einblick in das Leben und Wirtschaften der Hofbesitzer nach der Hofübergabe. Im Wauhäusl, das ursprünglich einmal ein Austragshaus war, befinden sich heute Ausstellungen zu Färberei und Blaudruck. An verschiedenen Webstühlen wird sogar noch gearbeitet.

Die Museumsführungen lassen die Vergangenheit lebendig werden. Sie vermitteln einen anschaulichen Eindruck von den Freuden und Sorgen des bäuerlichen Alltags und der Tätigkeit am Webstuhl. Die bemalten Bauernmöbel, alte Gerätschaften und Erzeugnisse aus der Weberei und Flachsverarbeitung machen es den Besuchern leicht, sich in diese Zeit zurückzuversetzen.

Für Kinder hält Gegenbach ebenfalls viele Möglichkeiten bereit. Gleich gegenüber dem Museumsgelände liegen ein idyllischer Badeweiher mit Sandstrand und ein großer Spielplatz mit kunstvoll gestalteten Geräten aus Holz.

Wenige Minuten entfernt liegt das Skigebiet *Nordische Zentrum Jägerbild*, das beliebter Trainings- und Austragungsort für Langlaufwettkämpfe ist. Sehenswert sind auch die Skisprungschanzen in Rastbüchl.

Museum *Stifter und*
der Wald
Lackenhäuser 146
D-94089 Neureichenau
+49 (0)8583 9790033

Wanderung zum Dreisesselberg
Startpunkt: Wirtshaus Zum
Rosenberger Gut
Lackenhäuser 147
D-94089 Neureichenau

Mit Federkiel und Tinte

Museum *Stifter und der Wald* in Lackenhäuser

Adalbert Stifter hatte ein inniges Verhältnis zum Bayerwald. Davon zeugen nicht nur Erzählungen wie *Aus dem baierischen Wald*, sondern auch das Stifter-Museum in Lackenhäuser, 40 Kilometer nordöstlich von Passau gelegen. Es ist auf demselben Anwesen beheimatet, auf dem sich der Schriftsteller aufhielt, wenn er die Region besuchte.

Besonders nach der Öffnung des Eisernen Vorhangs haben es sich viele Gemeinden im Dreiländereck zu Österreich und Tschechien zur Aufgabe gemacht, die Erinnerung an den gebürtigen Böhmen lebendig zu halten. Zu diesem Zweck wurde etwa der Adalbert-Stifter-Weg von Wegscheid zu seinem Geburtsort Oberplan in Tschechien angelegt.

2014 konzipierte die Gemeinde Neureichenau das einzige Museum über den österreichischen Autor in Deutschland. Die Ausstellung ist im Seitengebäude des Rosenbergers Gutes am Fuße des Bergkammes zwischen Dreisesselberg und Plöckenstein untergebracht. Vor über eineinhalb Jahrhunderten besuchte Stifter die Familie Rosenberger und kam immer wieder, um an diesem Ort zu malen und zu schreiben. Große Teile seines Werkes schildern die Schönheit, aber auch die winterlichen Widrigkeiten der Gegend. Wer seinen historischen Roman *Witiko* liest, kann spüren, wie sein Herz und seine Sinne von der Natur und Landschaft geprägt wurden.

Im barrierefreien und kostenfreien Erdgeschoss wird die Geschichte des Gutes dokumentiert und man erhält einen ersten Eindruck vom Leben Adalbert Stifters. Im Obergeschoss werden Erstausgaben, Malereien und Gegenstände des Künstlers präsentiert. Eine umfangreiche Bibliothek lädt zum Schmökern ein, Filme ergänzen die Ausstellung. Vor allem für Kinder ist die kleine Schreibwerkstätte bereichernd, in der sie sich mit Federkiel und Tinte vom Fass in der damals üblichen Kurrentschrift des Literaten versuchen können.

Vom Rosenberger Gut zum Dreiländereck auf den 1.300 Meter hohen Dreisesselberg wandern. Gutes Schuhwerk erforderlich.

Aussichtsturm Friedrichsberg
Parken: an der Dorfkirche
Thalberg 6
D-94110 Wegscheid

Bäckerei AnnelieseStemplinger
Kasberg 24
D-94110 Wegscheid
+49 (0)8592 1259

75 Über den Baumwipfeln

Friedrichsberg mit Aussichtsturm bei Thalberg

Wenn im Herbst manchmal der Nebel in den Flusstälern von Donau, Inn und Ilz wabert, reizt es, in den Bayerischen Wald und zur höchsten Erhebung im Landkreis Passau zu fahren. Der Friedrichsberg auf 930 Metern, der im Volksmund »Veichthiasl« genannt wird, ist ein kegelförmiger Berg nahe der oberösterreichischen Grenze und liegt in idyllischer Waldeinsamkeit.

Ausgangspunkt der Wanderung zur Anhöhe ist die Ortschaft Thalberg, die zwischen Wegscheid und Breitenberg liegt. An der sehenswerten neuromanischen Kirche stehen genügend Parkmöglichkeiten zur Verfügung. Der Gipfel ist auf verschiedenen ausgeschilderten und meist schattigen Wegen zu erreichen. Gut zu Fuß sollte man schon sein, vor allem, wenn zum Abschluss der stählerne Aussichtsturm erklommen werden soll.

Mit jeder Stufe lässt sich das grandiose Rundumpanorama an der oberen Plattform erahnen, die weit über den Baumwipfeln liegt. In luftiger Höhe an- und leicht aus der Puste gekommen, lassen sich im Norden und Nordosten der Arber und die Bayerwaldberge sowie der bayerische und tschechische Böhmerwald ausmachen. Nach Osten hin erstreckt sich das Mühlviertel mit seinen lieblichen Hügeln, Wiesen und Auen. Bei Föhnwetter ist die klare Fernsicht von Südost bis Südwest einmalig: Die Alpenkette scheint dann zum Greifen nahe. Die Panoramatafeln auf der Plattform weisen auf die verschiedenen Gipfel hin. Man erkennt das Tote Gebirge, den Dachstein und das Kaisergebirge. Schilder am Fuß des Turmes informieren über die Region.

Im Winter indes ist der Aufstieg wegen der Schneelage und möglichen Glätte nicht empfehlenswert. Jedoch können geübte und ungeübte Skilangläufer ab Thalberg das gepflegte Loipennetz der Gemeinden Wegscheid, Breitenberg und Sonnen nutzen.

Für Semmeln aus der Bäckerei Stemplinger im nahe gelegenen Kasberg fahren viele Menschen weite Wege, daher sind die Semmeln rasch weg. Darum bei der freundlichen Bäckerin vorbestellen.

Handweberei
F. X. Moser
Säumerweg 2
D-94110 Wegscheid
+49 (0)8592 695

Brathendlstation
Zum Hammerwirt
Kappel 4
D-94110 Wegscheid
+49 (0)8592 1054

76 Leben vom Handwerk
Handweberei Moser

Mit zwei Webstühlen und viel Idealismus wurde die Handweberei Moser in Wegscheid nach dem Zweiten Weltkrieg gegründet. Heute gehört das Unternehmen mit 14 Webstühlen zu einem der größten Betriebe der Branche in Deutschland. Hochwertige, unverfälschte Produkte und eine breite Angebotspalette sichern den Bestand. Die Kunden schätzen die Handarbeit, die Unikate und Stoffe, die ein Leben lang halten.

Aus der Nähe lässt sich das Handwerk bei Führungen durch das Unternehmen begutachten. Nach Anmeldung dürfen Gäste den Weberinnen bei ihrer Präzisionsarbeit über die Schulter schauen. Nur wenige Menschen beherrschen die Arbeit an den Webstühlen. Sie ist ein Schauspiel mit Fingern, Füßen und viel Können. Zentimeter um Zentimeter entstehen die feinen Muster. Dabei kracht und klackt es aus den hölzernen Gestellen im gleichmäßigen Rhythmus.

Familie Moser hält das Traditionshandwerk am Leben. Wo Märkte von Billigprodukten überschwemmt werden, sticht ihre Handarbeit hervor. Gefertigt wird alles von Tischdecken- über Trachtenstoffen, Teppiche bis zu Vorhängen und Möbelstoffen. Die Muster tragen Namen wie Ingrid, Franzi, Großvater oder Mona. Der Schwedenstern, ein altes überliefertes Muster, werde am häufigsten nachgefragt, weiß Johannes Moser, dessen Vater das Unternehmen einst gründete. Sicherlich gebe es heutzutage leichtere Berufe, um sich zu verdingen, aber die Familie hält aus voller Überzeugung am Betrieb fest.

Die Mosers kaufen ausschließlich Naturstoffe, und die riecht man beim Betreten des Ladens, in dem die zeitlos schönen Waren präsentiert werden. Die Werkstätte liegt eine Etage höher. Wenn man von dort wieder hinunter in den Verkaufsraum geht, klingt das Krachen und Klacken der alten Webstühle nach und die Finger der Weberinnen huschen vor dem inneren Auge hin und her. In den Stoffen lässt sich all das fühlen.

Zur Stärkung in die Brathendlstation *Zum Hammerwirt* in Kappel und eine Runde um den bildhübschen Rannasee spazieren.

Rannasee
Kappel 4
D-94110 Wegscheid

Gasthof Süss
Marktplatz 7
A-4144 Oberkappel
+43 (0)7284 215

77 Grenzenlos schwimmen
Rannasee

Der mit 20 Hektar Wasserfläche größte Badesee des Bayerischen Waldes, wurde von 1978 bis 1983 aus drei Bächen aufgestaut. Vor allem im Sommer lockt der Rannasee mit seinem erfrischenden Wasser Jung und Alt an.

Abgesehen vom Strand umfassen die Freizeitmöglichkeiten einen Abenteuerspielplatz, Freispielfelder, Tennisplatten, Stockbahn, Tretbootfahren, Kinderplanschbecken, ein Tiergehege und eine 120 Meter lange Wasserrutsche. Das Gute ist: Der Trubel herrscht nur auf einer Uferseite, auf der anderen befinden sich ruhige, beschauliche Liegewiesen. Obwohl der Rannasee in den heißen Monaten außerordentlich beliebt ist, entdeckt man immer ein Plätzchen, an dem man ungestört sein kann.

Am zum Teil bewaldeten Ufer führt ein Rundweg um das Gewässer auch an einem Gasthaus vorbei, das mit Basiskost versorgt. Wer um den Rannasee wandert oder ihn durchschwimmt, überwindet zudem Ländergrenzen, da er zum Teil auf österreichischem Gebiet liegt.

Überhaupt bietet sich ein Abstecher in die nahe gelegene oberösterreichische Ortschaft Oberkappel an, wo der Rannastausee vor allem für Angler interessant sein dürfte. Dort kann Jagd auf Zander, Schleie, Karpfen oder Forellen gemacht werden. Eingebettet im wunderschönen Rannatal zwischen Oberkappel und Neustift erstreckt sich über fünf Kilometer entlang des rechten Fluss- und Seeufers das Fischwasser des Familienbetriebs *Gasthof Süss*. Angelkarten können bequem online erworben oder im Lokal gekauft werden.

Das Gewässer ist schon seit Jahrzehnten im Besitz der Familie. Der Besuch ihres Restaurants lohnt unbedingt. Im Traditionsbetrieb werden sehr gute regionale, bodenständige Gerichte serviert und Zimmer für Erholungssuchende bereitgehalten.

Wer nicht fischen, aber an seiner Fitness arbeiten möchte, kann in Oberkappel an 16 Stationen des Kneippwegs Erholung tanken.

Bergwinklhof
Monigottsöd 4
D-94110 Wegscheid
+49 (0)8592 1606

78 Kreta im Bayerwald
Bergwinklhof in Monigottsöd

Beim Geruch von Mist in der heißen Sonne denkt Steffen Jacobs an seine Zeit in Griechenland. Er erinnert sich an die Lehrjahre auf Kreta Anfang der 1980er-Jahre, als er bei Nikos Kavgalakis im Dorf Margarites den Umgang mit Ziegen und Schafen erlernte. Sein Mentor war zudem ein Meister in der Tradition des Töpferns großer Tongefäße.

Zurück in Deutschland machte Steffen Jacobs die Handwerkskammer in München auf die Keramik von Nikos Kavgalakis aufmerksam. Der Kreter wurde zu Ausstellungen eingeladen und reiste mit seinen Kreationen jedes Jahr zum renommierten Diessener Töpfermarkt an. Sogar für die Neue Sammlung der Pinakothek wurden Stücke seiner Kunst angekauft.

Auf dem Bergwinklhof in Monigottsöd, einem unwirklich schönen Ort im Bayerischen Wald an der österreichischen Grenze, haben Steffen Jacobs und seine Frau Susanne eine biologisch-dynamische Landwirtschaft mit Ziegen, Schafen, Schweinen, Rindern und Hühnern aufgebaut. Dort verkaufte Jacobs fortan auch die Gefäße von Nikos Kavgalakis. Wenn die Ziegen abends von der Weide in den Hof laufen, kommen sie an den beeindruckenden Töpferwaren vorbei, einige sind mit Zitronen- und Olivenbäumen bepflanzt.

Doch was für den Hof zählt, ist die Landwirtschaft: Alles, was die Jacobs produzieren und verkaufen, unterliegt Demeter-Kriterien. Hergestellt und verkauft werden Fleisch, Wurst, Eier und Käse (auf Anfrage). Die Jacobs vertreiben ihre Waren vor allem auf dem Markt in München. Ab Hof wird nur nach telefonischer Absprache verkauft.

Als 16-Jähriger wurde Steffen Jacobs für seinen Traum, Biobauer zu werden, belächelt. Was er heute lebt, entspricht mehr als reinen biologischen Standards. Er versorgt seine Familie mit frischen Lebensmitteln, er betritt keine Supermärkte und schaut kein Fernsehen. Wenn er in seiner Küche den frisch geschleuderten Honig kostet, ist er wieder dieser 16-Jährige, der den Geschmack von Freiheit im Mund schmeckt.

Ein Wanderweg unterhalb des Bergwinklhofs führt ins Bärnloch, ein anderer Weg geht auf den idyllischen Eidenberger Lusen. Spannend!

Schloss Obernzell mit
Keramikmuseum
Schlossplatz 2
D-94130 Obernzell
+49 (0)8591 1066

79 Wo die Fürstbischöfe residierten

Schloss mit Keramikmuseum

Exponiert an der Uferpromenade gelegen, erhebt sich das Schloss Obernzell über die Donau, die an diesem Abschnitt die Grenze zwischen Deutschland und Österreich bildet. Großartig ist der Anblick, wenn man sich ihm auf dem Wasserweg nähert, zum Beispiel mit der Fähre von der österreichischen Seite aus. Dann kann man das Gebäude in seiner vollen Pracht bewundern. Häufig sitzen Spaziergänger oder Radler an der Uferpromenade und beobachten, wie die Schiffe am Fuß der alten Residenz anlegen.

Obernzell wurde schon sehr früh zum Erholungsort auserkoren: Die Fürstbischöfe von Passau ließen im 15. Jahrhundert »in der Zell« an der Donau eine gotische Wasserburg errichten und im 16. Jahrhundert zu einem repräsentativen Renaissancepalast ausbauen. Die heutige Gestalt erhielt das Schloss unter Fürstbischof Urban von Trennbach in den Jahren 1581 bis 1583.

Seit 1803 ist das Gebäude Eigentum des bayerischen Staates und beherbergt ein schönes Keramikmuseum. Als Zweigstelle des Bayerischen Nationalmuseums informiert die Ausstellung rund um die Geschichte der Keramik und der Töpferei, die in Obernzell eine große Tradition besaß. Die Exponate umfassen Keramik von ihren Anfängen in der Jungsteinzeit bis in die Gegenwart. Auch finden regelmäßig wechselnde Präsentationen mit Künstlern aus der Region statt. Der malerische Schlossgarten verleiht im Sommer vielen Festen einen stimmungsvollen Rahmen.

Sehenswert sind neben dem Keramikmuseum der prächtige Rittersaal im zweiten Obergeschoss: ebenfalls ein Renaissancewerk des Passauer Bischofs Urban von Trennbach. Der Raum nimmt die gesamte Südfront der Etage ein und zeigt sich heute mit rekonstruierter Kassettendecke.

Ob mit Schiff, Fahrrad oder eigenem Auto – Obernzell bietet viele Möglichkeiten, das nähere Umland zu erkunden. Wer mit der Autofähre über die Donau setzt, erreicht die Straße Richtung Engelhartszell und Linz.

Wanderung nach Untergriesbach
Startpunkt:
Schloss Obernzell
Schlossplatz 2
D-94130 Obernzell

Gasthaus Lanz
Marktplatz 16
D-94107 Untergriesbach
+49 (0)8593 235

Wanderung nach Untergriesbach

Viele Wege führen nach oben, doch nur wenige sind historisch bedeutend. Auf geschichtsträchtigen Pfaden wandelt man von *Obern*zell im Tal hinauf ins höher gelegene *Unter*griesbach. Die Widersprüchlichkeit der Ortsnamen rückt auf der fünf Kilometer langen Strecke in den Hintergrund, wurde sie doch einst von einem legendären Transportmittel genutzt.

An dem Obernzeller Schloss folgt man zunächst der Bundesstraße und biegt kurz vor dem Ortsende rechts in den Hochhäuslweg ein. Nach etwa 200 Metern zweigt man auf den Wanderweg links ab. Noch vor wenigen Jahrzehnten herrschte hier heftige Betriebsamkeit, als sich alte Loks von dem auf 300 Metern liegenden Markt Obernzell nach Untergriesbach über 250 Höhenmeter hinaufquälen mussten. Ruß, Pfeifen und metallisches Geklapper waren von 1913 an ständige Begleiterscheinungen dieser damals revolutionären Bahnverbindung. 1979 ging dem »Schnauferl« schließlich die Luft aus. Andere neue Verkehrsmittel besiegelten das Ende. Viele Naturkatastrophen taten ein Übriges, obwohl noch heute die grandiosen Wildbachverbauungen erkennbar sind.

Aus der alten Zugstrecke mit bis zu sieben Prozent Steigung wurde zu Beginn dieses Jahrhunderts eine idyllische Route geschaffen. Der gleichmäßige Anstieg lässt Wanderer oder Fahrradfahrer nie aus der Puste kommen. Auenwälder, Kräuter, Farne und Pilze wachsen am Wegesrand. An einem Rastplatz auf halber Strecke werden an Schautafeln die technischen Daten der einstigen Lokomotiven sowie Reststücke von Gleisen und Zahnradschienen dokumentiert. Der historische Pfad endet in Tabakstampf, von wo ein kurzer Fußmarsch auf der Straße oder über Feldwege nach Untergriesbach führt. Zur Stärkung dort eine Wurstsemmel in der weltbesten Metzgerei Heindl am Marktplatz kaufen!

Ein Schmuckstück in Untergriesbach ist der Gasthof Lanz in der Ortsmitte. In urgemütlicher Atmosphäre kann man sich an vergangene Zeiten erinnern. Die Bushaltestelle liegt direkt vor dem Lokal und bringt Wanderer zurück nach »unten« zur Donau – nach Obernzell.

Kohlbachtal
Startpunkt Rundwanderung:
Landgasthof
Kohlbachmühle
Kohlbachmühle 1
D-94107 Untergriesbach
+49 (0)8591 320

81 Im Tal der Schlangen und Echsen
Kohlbachtal und Kohlbachmühle

Hat es da eben im Gebüsch geraschelt? Bei einer Wanderung im Kohlbachtal werden alle Sinne geschärft. Die Augen wandern über Blumenwiesen, sanft schlängelt sich der Wanderweg in den Wald hinein, im Ohr klingt das Rauschen des Kohlbachs und … Da hat es doch schon wieder geraschelt? Eine Schlange? Gut möglich, denn die Donauleiten von Passau bis Jochenstein wurden 1986 hauptsächlich wegen der landesweit einzigartigen Reptilienfauna zum Naturschutzgebiet erklärt.

Sowohl die Östliche Smaragdeidechse als auch die Äskulapnatter fühlen sich in den felsigen Einhängen und Schluchtwäldern wohl. Mit bis zu 49 Zentimetern gilt Erstere als die größte heimische Eidechsenart. Letztere kann sogar bis zu 180 Zentimeter lang werden und zählt zu den größten Schlangen Europas. Mit insgesamt sieben Reptilienarten gehören die Donauleiten zu den reptilienreichsten Gegenden Deutschlands. Aber keine Angst: Alle sind ungiftig. Durch die vielfältige Pflanzenwelt am Fluss sind auch zahlreiche Schmetterlinge, Käfer und Wildbienen in den Talhängen beheimatet. Sogar bereits als ausgestorben geglaubte Arten wurden wiederentdeckt.

Besonders in Frühling und Herbst bietet sich in den Donauhängen ein farbenprächtiges Spektakel. Eine Wanderung durch das Kohlbachtal lässt sich am besten am Landgasthof Kohlbachmühle beginnen – und beschließen. Auf der sehr schönen Terrasse kann man Wassersportler, vorbeifahrende Boote und Schiffe beobachten. Das Restaurant serviert bayerische Küche und frisch gezapftes regionales Bier. In der Kohlbachmühle stehen zudem Zimmer sowie ein Camping- und Spielplatz den Gästen zur Verfügung. Da der Donautalradweg direkt an der Gastwirtschaft vorbeiführt, ist die Terrasse im Sommer beliebtes Radfahrerziel.

Für einen einmaligen Ausblick über das Donautal zum Aussichtspunkt Ebenstein, 8,7 Kilometer von der Kohlbachmühle entfernt. Achtung im Sommer: große Zeckengefahr im Donautal.

82 Leben im und am Fluss
Umweltstation *Haus am Strom* in Jochenstein

Wie viel Wasser wird benötigt, um eine Aluminiumdose oder eine Jeans herzustellen? Und wie viel verbraucht eine spanische Tomate? In der spannenden Ausstellung der Umweltstation *Haus am Strom* in Jochenstein können Kinder und Erwachsene eine Menge über ihren eigenen Wasserfußabdruck lernen.

An Mikroskopen können sie zu Forschern werden und erfahren, welche Tiere sich in welcher Wasserqualität wohlfühlen und wie man erkennt, wie belastet Gewässer sind. Die Steinfliegenlarve braucht nämlich im Gegensatz zur Zuckmückenlarve eine viel sauberere Umgebung. Sehr geschickt und spielerisch, durch viele multimediale Stationen und Mitmachideen schärft die Ausstellung die Sinne und thematisiert alle wichtigen Bereiche des Donauengtals: Natur, Energie und Wasser.

Anhand eines großen Landschaftsmodells gewinnen Besucher einen Überblick über das Tal von Hofkirchen bis Aschach, in kleinen Schatzkästchen erhalten sie interessante Informationen zur Region, und sogar Smaragdeidechse, Äskulapnatter und ein großes Aquarium mit Fischen sind zu bewundern. Das Mitmachangebot ist groß: Am Simulator ein Boot über die Donau steuern, lustige Fischschwärme mit dem Bild des eigenen Gesichts kreieren oder kleine Tiere unter der Lupe betrachten. Wer in einem Raum in die Pedale tritt, kann sogar selbst Strom erzeugen.

Draußen lockt nicht nur ein Spielplatz, sondern auf einer Länge von 3,5 Kilometern und mit 18 Stationen der Erlebnisweg. Buchbar sind sowohl Ausflüge ins Naturschutzgebiet als auch für Kinder die sehr beliebten Themenwanderungen. Bei Letzteren kann man nicht nur Tiere und Natur bestaunen, sondern auch Schätze heben oder einen Kriminalfall lösen. Direkt neben dem Haus steht zudem das größte Wasserkraftwerk Deutschlands, das nach Voranmeldung ebenfalls besichtigt werden kann.

Man bleibt beim Thema und sitzt schön am Wasser: Der *Kornexl* in Jochenstein serviert Donaufisch.

Radtour zur Schlögener Schlinge
Startpunkt: Haus am Strom
Am Kraftwerk 4
D-94107 Untergriesbach

Hotel-Riverresort Donauschlinge
Schlögen 2
A-4083 Haibach
ob der Donau (Au)
+43 (0)7279 8212

83 Unterwegs zum Naturwunder
Radtour von Jochenstein zur Schlögener Schlinge

Auf zwei Rädern durch das Donautal ist Konzentration gefragt, denn die Naturschönheiten am Wegesrand lenken leicht ab. Sehr empfehlenswert auch für ungeübte Radfahrer ist die Strecke von Jochenstein bis zur Schlögener Schlinge, die linksseitig des Flusses verläuft und nur von wenigen Autos frequentiert wird.

Auf den 16 Kilometern sind praktisch keine Steigungen zu überwinden. Für die einfache Route muss man ungefähr mit einer Stunde Fahrtzeit rechnen. Mostschänken, Radlertreffs, Jausenstationen und gutbürgerliche Restaurants laden zu Zwischenstopps ein und bieten stets Ausblick auf die Donau sowie den Fährverkehr.

Günstiger Ausgangspunkt für die Tour ist der Parkplatz am *Haus am Strom* in Jochenstein. Am Ortsende beginnt der Radweg. Kurze Zeit später grüßt die von Künstler Michael Lauss geschaffene Nixe Isa die Passanten und Schiffe. Nach bereits einem Kilometer ist Oberösterreich erreicht. Auf der gesamten Wegstrecke locken immer wieder kleine Sandbänke am Ufer, die Füße in der Donau abzukühlen. Zwei Kilometer hinter der Grenze besteht die Möglichkeit, mit der Fähre nach Engelhartszell überzusetzen und das gleichnamige Stift zu besichtigen, das einzige Trappistenkloster Österreichs. Weiter auf der Strecke tauchen der Aussichtspunkt Penzenstein, Schloss Rannariedl und Burg Marsbach hoch über den Donauhängen auf, die man bei einer separaten Tagestour erkunden kann.

Hat man die Ortschaft Niederranna passiert, beginnt der schönste Abschnitt des Ausflugs, vorbei an Obstgärten und kleinen Bauernhöfen. Kurz vor Freizell kann man den Zillenbauer Anton Witti besuchen. Die letzten Kilometer verlaufen weitgehend bewaldet. Umso grandioser ist dann am Ziel in Au die Aussicht auf die Schlögener Schlinge. Sie gilt als das »Naturwunder Oberösterreichs«.

Lohnenswert in Au ist die Überfahrt mit der Fähre zum Hotel Donauschlinge, wo man Touristenschiffe und Lastenkähne beobachten kann. Besonders eindrucksvoll am späten Nachmittag oder abends.

Dietmar Bruckner,
Heinrich May, Daniela Skalla,
Marja-Leena Zauner
**Lieblingsplätze
im Bayerischen Wald**
192 Seiten, 14 x 21 cm
Klappenbroschur
ISBN 978-3-8392-0370-5
€ 18,00 [D] / € 18,50 [A]

Größtes Waldgebiet Mitteleuropas, ältester Nationalpark
und einziger Urwald Deutschlands - das und noch viel
mehr bietet der Bayerische Wald. Kommen Sie mit auf eine
Entdeckungsreise von den Ausläufern im Norden über
die Weltkulturerbestadt Regensburg sowie die Höhen-
züge bis in die Dreiflüssestadt Passau im Süden! Wandeln
Sie auf den Spuren von Adalbert Stifter und Friedrich
Nietzsche, zwischen Baumwipfeln, um idyllische Seen oder
durch die geschützte Natur der »Hölle«. Ob historisches
Glashandwerk, Westernfeeling oder im Revier von Wolf
und Luchs - tauchen Sie ein in die Faszination »Woid«!